现代体操教学理论与训练方法研究

崔荔 刘沛 著

延边大学出版社

图书在版编目（CIP）数据

现代体操教学理论与训练方法研究 / 崔荔，刘沛著
. -- 延吉 : 延边大学出版社，2023.6
ISBN 978-7-230-05058-6

Ⅰ．①现… Ⅱ．①崔… ②刘… Ⅲ．①体操－教学研
究 Ⅳ．①G830.2

中国国家版本馆 CIP 数据核字(2023)第 098772 号

现代体操教学理论与训练方法研究

著　　者：崔　荔　　刘　沛
责任编辑：金钢铁
封面设计：文合文化
出版发行：延边大学出版社
社　　址：吉林省延吉市公园路 977 号　　　　邮　　编：133002
网　　址：http://www.ydcbs.com
E - m a i l：ydcbs@ydcbs.com
电　　话：0433-2732435　　　　　　　传　　真：0433-2732434
发行电话：0433-2733056
印　　刷：三河市嵩川印刷有限公司
开　　本：787 mm×1092 mm　1/16
印　　张：9.75　　　　　　　　　　　　字　　数：200 千字
版　　次：2023 年 6 月　第 1 版
印　　次：2023 年 6 月　第 1 次印刷
ISBN 978-7-230-05058-6

定　　价：68.00 元

前　　言

随着社会的不断发展，体操的内涵在不断变化。体操的发展越来越两极化，一类是沿着竞技体操方向发展，另一类是朝着以增强体质、发展能力为目的的各种非竞技性体操方向发展。20世纪70年代以后，这两个不同发展方向的体操体系显现出不同的局面。多年来，在完成提高运动技术水平、创造优异成绩、为国争光的任务中，我国的竞技体操一直处于领先地位，是我国奥运争光计划中的一个优势项目。然而在全民健身计划任务中，体操的功效和作用却没得到充分体现。近年来，人们的生活水平和消费水平不断提高，人们对个人健康的需求越来越高，一些学生的体能较前几代学生出现下降趋势，受到相关部门的高度关注。国家要求在青少年中广泛开展阳光体育活动，促进青少年健康成长，倡导全民参加体育锻炼，以提高身体素质，为我国实现体育大国向体育强国迈进作出贡献。

本书对体操教学的价值、特点、过程和方法等教学理论进行了阐述，然后分层阐述了快乐体操教学理论与实践、艺术体操教学与训练方法，以及体操专项素质训练方法与实践，采取理论与实践相结合的方式，阐述现代体操相关知识，这将有利于学科理论的完善和发展，有利于人们对体操内涵与外延的认识，更有利于指导具体的实践工作。

体操教学与训练方法实践是一个艰苦的探索过程，作为体操教育工作者必须付出坚持不懈的努力。由于笔者水平有限，书稿中难免存在错漏之处，如果同仁对体操教学与训练方法有不同见解，敬请批评指正。

目　　录

第一章　体操教学理论分析

体操教学是以体操各个项目的技术动作为媒介，涉及师生双向的交往活动。通过这一活动，学生掌握一定的体操知识、技术和技能，并能提高身体素质，形成良好的心理品质和审美观。在这一活动过程中，既有教师的教，又有学生的学，但教学目标始终应指向学生，也就是说，教师的教的目的是让学生更好地学。因此，在体操教学中，应强调以学生为主体，教师的主导作用应体现为制定科学的教学策略，选择适当的教学方法，调动学生的积极性，引导学生学好体操，促进学生身心的全面发展。

第一节　体操教学价值

一、教师了解体操健身价值的意义

（一）有助于教师有针对性地安排体操教学内容

随着社会的发展，在积极融合中外先进教育思想的基础上，人们逐渐认识到，体育教育应以传授知识技能为主导，以培养能力为重点，促进学生身心协调发展，为他们的终身体育打下基础。同时，体育教学要以人为本，重视学生的主体地位，充分发挥学生的选择课程自主性。但是，由于对体育锻炼价值的了解不够深入和全面，学生在选择课程时存在一定的局限性，需要教师加以正确的引导。因此，体育工作者开始重视开发体操的功能，以求充分利用这些功能促进学生的全面发展，也在寻找青少年喜爱的体操教学内容和灵活多样的体操教学手段，以此激发学生的兴趣，最终使体操成为他们实现终身体育的一种手段。体育教师对体操健身价值的认识和了解，有助于他们根据学生所处年龄段的身心发展特征，有针对性地安排体操技能教学和素质训练内容，适时发展学生的身体素质，提高学生的体操技能水平。

（二）有助于教师激发学生的学习兴趣与锻炼热情

教师有责任通过各种渠道，采用多种方式、方法，提高学生对体育项目选择、学习的主动性和积极性。教师适时向学生介绍体操各个项目和各个动作的锻炼价值和学习价值，能够有效激发学生的学习兴趣和探究热情，从而使学生掌握更多的学习内容，为终身体育打下良好的基础。

（三）有助于学生有目的地进行体操锻炼

全面地、有重点地锻炼人体是体操的重要特征之一。体操对人体锻炼的全面性是指坚持经常进行体操锻炼能够全面增强人体各运动器官和内脏器官的功能，提高神经系统的灵敏性，发展和提高身体的各项素质，促进身体协调发展。体操对人体锻炼的重点性是指进行体操锻炼时，人们可以根据自己的身体需要和兴趣，选择不同的项目或动作，着重锻炼身体的某个部位，或发展某种身体素质，进一步促进身体的协调发展，提高身体的全面发展水平。因此，学生在了解体操每个项目的健身价值后，就能够有针对性地选择适合自己的锻炼项目或动作，从而提高他们学习体操的自主性，充分体现现代体育教育改革的基本精神。

（四）有助于教师依据体操动作的锻炼价值开发同类动作课程资源

体操的动作结构、动作时间和动作空间是一个相互联系、相互区别、相互作用和相互依存的辩证统一的整体。体操动作随着动作的开始而出现，随着动作的结束而消失，对于众多不同项目的体操动作，从外部特征来看它们似乎是彼此独立的，但从技术结构来看它们是一个相互联系的整体。这就是体操动作中蕴含的特殊的动作链，这些链将大部分体操动作联系在一起，这一体系是立体的，相同的技术要素及相同的锻炼价值将它们紧紧地联系在一起，每一个体操动作都有从易到难、相同结构的同类动作。例如，在技巧项目上有肩手倒立、头手倒立、手倒立等倒立平衡动作，在双杠项目上有肩倒立、手倒立等动作，它们对学生身心的锻炼价值基本一致。了解了这些动作的锻炼价值后，在体操教学过程中，教师就可以根据学生的具体情况和学校的实际条件，对动作的时间、空间和结构进行改造，最终达到帮助学生掌握动作的目的。而改变体操动作时间、空间与结构的关系，正是目前体育教育改革所倡导的对课程资源开发的一个方面，即对体操动作资源的开发。

二、体操教学所具有的价值

人类在漫长的进化过程中，其动作在目的性、计划性、控制性、协调性、复杂性、灵活性和可塑性等不断达到新的水平，形成人类独特的活动模式，并在人类从动物界脱离出来的过程中发挥着不可替代的作用。尽管人类的动作在速度、力量方面明显逊色于动物，然而随着协调性、控制性和灵活性的提高，以及与特异化工具的结合，人类不仅弥补了这些不足，而且使其动作具有更为广泛、高效的环境适应性。

正是人类动作在长期进化过程中形成的高度控制性、协调性、复杂性和灵活性，使得动作的发展成为个体发展的重要任务。从人的一生来看，动作的发展持续个体生命的始终。人类动作的获得与学习不仅是简单的肌肉、骨骼和关节的连续模式的发展，而且与活动的目的、条件和任务相关，在与社会环境的互动中，作为适应行为发展的一部分而存在。因此，重要动作的获得和变化，与个体的认知和社会行为等多个方面具有密切的功能联系。

目前，人们日越来越重视从个体发展的背景出发，来认识个体动作、动作发展及个体发展的内在机制问题。近年来，在科学研究中，多种学科融合的趋势，为全面、深入地认识个体动作及其与运动系统、神经系统、循环系统、分泌系统和心理系统等的内部关系提供了可能性。一些基于边缘学科产生的研究领域不断涌现，不仅推进了人类对自身动作的认识，也促进了人类对个体发展实质和规律的了解。

从体操动作的产生和执行结果等环节看，在肌肉外显活动的背后，有着相当复杂的生理性、心理性、物理性与社会性原因和过程。因此，依据体操运动对人体生长发育所起的主要作用，将体操教学的价值分为以下几类：

（一）提高学生的健康水平

1.提高身体素质

身体素质是指在日常生活及运动中表现出来的各种机体能力，包括力量、耐力、灵敏、速度和柔韧等。身体素质是构成体能的重要因素，是衡量体质状况的一个重要标志。身体素质不仅取决于肌肉本身的解剖、生理特征与生物化学成分，而且取决于肌肉工作时的能量供给、各组织的物质代谢、内脏器官的配合，以及神经系统的调节功能。人们通过必要的身体锻炼，可以提高身体素质。由于体操内容丰富、项目众多，且各项目的作用各有侧重，因此在各项体育活动中，体操对提高身体素质的效果较为明显。运用体操提高身体素质，学生可以根据不同目的、任务及各自的身体状况选择不同的内容。例如，为了发展人体的柔韧性，可以选择柔韧体操进行练习。柔韧体操就是把发展人体的柔韧性，提高肌肉、韧带的伸展性和弹性，扩大关节活动范围作为直接目标的身体活动。通过柔韧体操练习，可以提高关节活动的幅度，预防各种损伤事故的发生，还可以促进血液循环，减少疲劳。同时，柔韧性练习也是进行其他体育活动必不可少的准备活动内容之一。总之，体操项目的特点决定了体操在提高人的身体素质方面具有特殊价值。

2.提高活动能力

人体的活动能力是人类生存所必备的本领之一。体操是把提高身体活动能力、增进身体健康作为直接目标的身体运动，体操中的基本练习、韵律体操练习、实用性体操练习等都是发展身体活动能力的有效方法。在体操中开发身体活动练习，主要是根据走、跑、跳等各运动的特征，从不同角度进行变化和发展，从而成为提高人体基本活动能力的有效手段。例如，通过变化方向、速度、姿势、幅度和节奏等，创造出更多的练习方法，使人走得更远、跑得更快、跳得更高，从而使人体活动更轻便、省力和敏捷，这也正是体操提高人体活动能力的价值所在。

3.改善机能状况

人通过体操练习，可以改善自身的机能状况，增强适应能力。机能是指组织细胞或器官等的活动能力。适应能力是指人体在受到外界环境影响时，在中枢神经系统支配下不断调节有机体，使之处于正常的、稳定的机能活动状态的能力。

体操练习对人体机能状况的改善，首先表现在提高人体前庭器官机能的稳定性上。前庭器官是人体的位觉与平衡器官，它的作用是感受人体在空间的体位变化，保持人体的平衡。体操动作类型多样，有转体、滚翻、倒立、悬垂和回环等，人体在完成这些动作时，身体在空间的位置会随时发生变化，这些刺激传递到前庭器官，会反射性地引起肌紧张变化，从而提高人体机能的稳定性。

长期进行体操练习，可以提高人体神经系统的调节机能。体操中的某些动作要求人体具有较高的协调性和准确性，在完成动作时，肌肉收缩的性质复杂，这些都对支配和调节人体运动的神经系统提出了较高要求，所以长期进行体操练习，可以提高人体神经系统的机能水平。

进行体操练习，还可以提高人的心血管系统的调节机能。体操中的某些动作受到离心力与重力的作用后，会使血液重新分配。例如，做单杠大回环时，由于离心力对血流的影响，血液因重力作用向头部聚集，此项训练缺乏者会出现面红耳赤、静脉扩张等症状，如果长期进行这些动作练习，可以通过加压或减压反射机理改善血管的收缩机能，从而调节血压与血流量，使之适应运动的要求。

4.塑造健美形体

健美的形体应包括健美的体型与良好的姿态。体型是指人体整体形态、结构方面的指数，以及各部分的比例关系。它主要表现在人体解剖结构所形成的外观特征，它的实质是肌肉、骨骼和脂肪的组成比例及分布情况。健美的体型是指身体整体的完善与和谐，各部分肢体协调、均衡发展。对于体型美的标准，男女有别，一般来讲，男性以身体魁梧、躯体呈三角形为体型美，女性以身体苗条、具有女子特有的线条美为体型美。此外，由于地域与人种的差别、民族风俗与传统观念的影响，不同的人对体型美有不同的要求。姿态是指人体处于某种姿势时的形态。姿势是指人在日常生活中处于静止或活动状态时身体各部分位置的相互关系。良好的姿态是指人体表现出各种姿势时的形态美，通常来讲，人们将立、走、坐的姿势视为人的最基本的姿势。

人的体形具有一定的可塑性，这是因为人体的各项形态指标受遗传和环境影响的比率不一致。例如，人的纵向指标受遗传因素影响的比率较大，而横向指标（纬度）受遗传因素影响的比率较小，这样就可以通过改善营养结构和锻炼身体的手段，在纵向指标相对稳定的情况下，通过改变纬度来改善身体各部分之间的关系，使之协调发展。

体操训练对人形成健美体型有特殊功效，体操中的许多内容都是塑造健美体型的有效方法和手段。例如，体型美的关键是防止肥胖，使肌肉发达、身体匀称和线条优美，而体操中的有氧练习及垫上腹背肌练习等可以起到减肥的效果，双杠、单杠等练习可以使人的上肢肌肉更加发达，跳跃、踢腿等练习可以使人的下肢肌肉更加发达，基本训练中的把杆练习等可以使人的体型更加匀称。

人的行为姿态大多为后天所得，即是从日常生活、劳动和体育锻炼中得到。不良的姿态也是在日常生活、学习和劳动中无意养成，但可以通过体育锻炼得到纠正。体操练习对培养良好姿态，纠正不良姿势和动作具有重要作用。例如，双腿站立姿势是人类区别于各种哺乳动物的一个重要特征，是人类的一种象征。良好的站姿应挺拔、直立、重心高，而这正是体操中站立姿势的基本要求。

（二）促进学生的心理健康

1.提高学生的认知能力与学习能力

体操教学可以通过促进个体智力因素（如感知、记忆、思维、想象和语言等）与非智力因素（如动机、情感意志和性格等）的发展，提高学生的认知能力与学习能力。人脑由大约150亿个神经元构成，人脑存储信息的容量相当于世界上所有图书馆藏书的信息总量。目前，人的脑力资源仅用了1/5左右，人的智力发展潜力极大，而智力的发展有赖于人脑各区功能的充分挖掘。

体操教学以体操健身知识、体操动作技术的传授与习得为主要形式，通过对健身知识的指导和对动作技术的练习达到健身的目的。学生在学习的过程中，需要排除室内外影响学习的诸多不利因素的干扰，集中注意力；从整体到局部仔细观察教师的示范动作，熟记教师对动作要领的描述，形成正确的表象和概念，并体会动作；在想象中把自己的动作与正确动作进行比较，分析自己动作的不足之处，在下一次练习过程中进行调整，并在熟练掌握动作以后将动作进行拓展与创新。这一过程包含了智力的注意、观察、记忆、想象、思维与创新等因素，并且符合从感性认识到理性认识，再从理性认识回到实践的认识一般规律。因此，体操实质上是一门科学的智力开发课程。

2.培养学生坚强的意志品质

体操运动是磨炼人、考验人意志品质的一项体育活动，是检验一个人是否具有坚强意志品质的一条重要途径。在体操活动中，只有克服身心疲劳的状态，消除厌倦、胆怯和慌乱等消极情绪，才能达到健身的目的。例如，支撑跳跃除了能发展学生速度、力量协调、平衡等身体素质外，还能让学生通过身体活动来克服一个个困难，培养学生勇敢和果断等良好的心理品质。学生通过健身活动形成的意志品质如能迁移到日常学习和生活中去，可以增强学生对学习和生活的自信心，发展学生的个性。

3.培养学生良好的情绪控制能力

现今，大多数学生都是在赞美和宠爱中长大的，无论是在感情方面，还是在意志方面，都表现得较脆弱，并且依赖心理较强，缺乏竞争意识，尤其缺乏必要的困难与逆境磨炼，一旦遇上不顺心的事，就会无所适从，产生过大的心理压力，因此不利于他们对社会生活的适应。现代社会是竞争激烈的社会、变化迅速的社会，人在工作和生活中遇到挫折在所难免，对挫折的不良反应常常是产生心理疾病的主要原因。如果一个人有了应对挫折的承受能力，就可以应对各种挫折环境，及时疏导消极情绪，减轻或排除精神压力。挫折承受能力主要体现为对挫折有正确的认识和态度，能够选择理智的反应方式，掌握情绪的调节方法。

在体操教学过程中，学生经常会受到各种因素的影响而造成动作失败。此时，教师应引导学生积极向困难挑战，在学生出现学习方法不当时，要授以学习技巧；在学生体力不支时，要及时调整教学内容；在学生感到困惑时，要及时给学生指点迷津；在学生怯懦时，给以精神上的鼓励和及时的帮助，以实现培养学生良好的情绪控制和调节能力的教学目标，促进学生心理的健康发展。

4.发展学生的自我评价能力

学生的学习评价是体育教学中的重要环节之一，是体育教学改革的一项重要举措。体操项目的动作数量巨大，种类繁多，并且在不断创新，学生在进行体操学习的过程中，所接触的运动技术动作比其他项目要多得多。在学习新的内容时，教师应引导学生在进行身体练习的同时，学会对自身动作的完成情况进行自我评价，使学生了解自己的学习成果。自我评价既能使学生提高学习热情，增强努力程度，激发学习动机，提高学习效率，又能使学生了解自己的不足，激起上进心，强化自我锻炼需求，进而提高学习的自觉性，为自我学习、自我锻炼奠定良好的基础。

5.增强学生的身体意识

身体意识是指身体意象、身体图式、身体概念和身体自尊等与身体相关联的意识。它以如何意识自我的身体、如何控制自我的身体等要素为基础，在与外界的交往中确立自我的过程，是个体出生后通过各种体验或学习而逐渐发展起来的。

身体意象是身体所有感觉的总和，体操教学可以通过做一些刺激动作、肌肉紧张与松弛动作、肌肉运动知觉刺激动作等来发展学生的身体意象。身体图式是个体对自己整个身体及其部分的认识能力、身体表现能力、组织姿势与环境空间能力的综合反映，只凭借视觉刺激去理解环境中物体的相关位置，以辨别自己的运动方向。在体操教学中，学生可以通过对一些动态平衡动作、静态平衡动作和物体平衡动作，如燕式平衡、手倒立等的学习，来发展身体图式。身体概念是指个体对身体的事实或机能的认识。这种概念主要以对身体部位的认知为基础，其形成过程受到身体意象与身体图式的极大影响。

在体操动作教学过程中，教师运用语言法教授动作要领，以指导学生做各种动作或身体姿势控制，就是对学生进行身体概念培养。身体自尊是指一个人对自己的运动能力、身体吸引力、身体抵抗力及健康状况的综合评价。它与身体意识和整个自我概念密切相关。无论是男生，还是女生，对身体的不满意会使他们的自信心降低，并产生不安全感或抑郁症状，而加强体操动作学习与训练，塑造健与美的形体，会使他们的自信心明显增强。

（三）增强学生的社会适应能力

"适应"是源于生物学的名词，用来表示能增加有机体生存机会的身体上和行为上的改变。智慧的本质从生物学来说就是一种适应，它既可以是一种过程，又可以是一种状态，有机体是在不断运动变化中与环境取得平衡的。社会适应是指个体为了适应社会生活环境而调整自己的行为习惯或态度的过程。在社会生活中，每一个个体都有自己独特的为人处世、待人接物方式，都有人际交往、合作、友情、尊重、名誉及取得成就的愿望和需要，这些需要的满足都依赖于个体的社会适应。同时，它们又能增进个体的社会适应。个体的社会适应包括一系列自主的适应性行为，通常表现为顺应、自制、同化、遵从和服从等具体的顺应方式。经常参加体育活动的人，其社会适应能力会得到提高。体操锻炼对学生社会适应能力的培养，具体表现在以下三个方面：

1.促进学生自我观念的形成

自我观念是个体主观上对自己的身体、思想和情感等的评价。它是由许多的自我认识组成的，包括我是什么人、我主张什么、我喜欢什么、我不喜欢什么等。体育活动能加快自我意识的发展。在体育活动中，每个人都有展示自己的机会，个体的能力、修养、智力和情绪等可以较充分地表现出来。同时，体育活动为个体提供了体验控制感和成功感情境，增加了与人交往的机会，从而有助于人们对自己有比较全面的、正确的认识。调查表明，经常参加体育锻炼和运动竞赛的人比其他人有更强的自信心。

2.增进学生之间的健康交往

人际交往是指在社会活动中人与人之间进行信息交流和情感沟通的联系过程。它反映了个人或团体满足其社会需要的心理状态，人际交往的发展变化取决于双方社会需要的满足程度。

体操健身活动常会有双人练习与群体练习等，多种多样的练习要求学生掌握与他人合作和分享的能力、与他人交流和寻求帮助的能力、面对困难与战胜困难的勇气和能力、灵活运用身体的能力，以及适应多变环境的能力。在这些练习中，学生之间的接触密切，随时会与一些熟悉或不熟悉的同学结为组合，进行对抗或合作练习。在这些练习中，学生扩展了自己的交往范围，增加了人际交往的机会，学会互相协作与帮助，体验了被助与助人的快乐。人际关系是社会关系中最基本的关系，人际关系的适应也是社会适应中最基本的适应。体操健身活动所提供的人际交往的时间与空间，有助于学生学会正常的人际交往、协调人际关系，学会与他人和睦相处。

3.使学生体验社会角色

社会是一个由政治、经济和文化等因素构成的交互场所，每个人在社会中都具有多种角色。在不同的场合以不同的身份与他人交往，能根据不同社会环境进行相应调整，作出恰当的、合乎角色的反应，这是社会适应能力良好的重要表现。体育运动恰好能为学生学会承担社会角色提供优越的环境与适宜的条件，例如在体操锻炼中，学生通过相互保护与帮助、履行义务、对同伴负责等，能有效增强责任心；如果在游戏过程中被要求承担裁判工作，公正执法则是他要履行的义务。

社会角色是完成社会活动的必要的社会形式和个人的行为方式，通过角色转换练习，学生可以懂得社会角色是与人们的某种社会地位、身份相一致的一整套关于权利和义务的规范与行为模式。它是人们对具有特定身份的人的行为期望，有利于学生懂得"做什么像什么"的社会意义，为将来更好地融入社会，适应各行各业的需要，干好本职工作打下良好的思想基础。在体操教学活动中，学生的角色经常发生转换：在学习时是学生；在他人进行练习时，既是指导动作要领的教师，又是同伴完成动作的保护者和帮助者；在同伴做动作出现心理障碍时，还可以是心理医生；在同伴需要指点时，又是教师示范的替代者。因此，在这一过程中，学生能够体会到经过个人努力扮演各种角色的成功喜悦，从而体会到人的主观努力是改变社会地位的重要途径。对于现代青年来说，这一点尤为重要。

（四）强化学生道德修养

道德健康的内容包括如下方面：不以损害他人的利益来满足自己的需要，具有辨别真与伪、善与恶、美与丑、荣与辱等是非观念能力，能按照社会的行为规范和准则来约束和支配自己的思想和行为。以实践为主的体育教学活动为学生的道德培养创造了极其便利的条件，体操教学对学生道德健康的促进作用主要体现在以下三个方面：

1.增强规范意识

在人际交往这一互动过程中，由于群体中的每个个体都有不同的偏好和价值观，容易出现兴趣上或利益上的不协调与冲突问题。为了避免冲突发生、营造一种和谐的气氛与平衡的环境，使互动过程得以顺利进行，人们制定了一套社会文化规范，如社会角色规范、社会公平规范和社会道德规范等，来协调彼此的行为。

在人社会化过程中，对规范的认识和遵守是必不可少的。遵守各种社会规范的意识，也是人社会适应的基本内容。从学生时代人人都参加的各种游戏，到现今高水平的奥林匹克运动竞技，都需要参与者约定共同的活动规则，来保证活动的顺利进行。每个参与者只有自觉地遵守这些规则、规定，才有权利与他人共享活动乐趣、获得奖励。

因此，从一定意义上讲，体育竞赛是社会竞争的一个缩影，人们在各种体育竞赛活动中，通过担任运动员、裁判员和观众等角色，逐渐领悟和内化竞赛活动的规则、规范意识，而这种意识将会延伸到其他社会活动中，为今后参与社会竞争、遵守各种社会法规奠定良好的基础。

体育竞赛是建立在平等、公平、公正的原则之上的，尊重每个参与者在各种环境中、在各种条件下进行公平竞争的权利，它在培养人们竞争意识的同时，也使人们增强了平等和公平意识。目前，虽然在社会生活中存在许多不公平和不平等的现象，但人们要参与社会竞争，就必须具有公平竞争意识。

2.培养责任感

责任感是指个人对自己、他人和社会所承担的责任和任务，以及对自身行为过失和不良后果要承担责罚的认识。责任感是构成道德健康的重要内容。人生与责任相连，责任与人生同在，人生责任是实现人生价值的中介与桥梁，是人们实现自我价值和社会价值的内驱力。个体存在是社会和他人负责任的结果，同时个人也要对他人和社会履行一定的责任。责任包括三方面内容：一是自我责任，即一个人对自己的生存与发展应承担的职责和任务；二是角色责任，即人在社会生活中所承担的自身角色职责与任务；三是社会责任，即人对社会所负有的职责和任务。

在体操教学中，学生们被安排轮流进行保护与帮助，肩负保护与帮助任务的同学有义务对做动作同学的动作成功和安全负责。当同伴在自己的帮助下顺利完成学习任务时，保护者与被保护者一样会有成就感和愉悦感，这无疑有利于保护者与被保护者的身心健康。相反，如果同伴由于自己的疏忽和不负责任造成了伤害，保护者就会产生内疚感和惭愧感。

3.培养关爱他人的良好品质

关爱他人特别强调对弱者的尊重和关心，因为弱者的利益是最容易受到漠视的。欺侮弱者的人会受到严厉的道义谴责，造成弱者心绪不宁，这在很大程度上会影响弱者的身心健康。而对弱者给予关爱和帮助，会使人产生崇高感和自豪感，这些感觉对身心健康具有促进作用。

在体育教学过程中，受到先天遗传和后天发育等因素的影响，学生与学生之间存在体育能力的个体差异，特别是以动作技术教学为主要内容的体操教学，一些学生经常会出现学习、掌握动作比较慢的情况。可以通过教师的正确引导，在学生间形成互相关心、互相爱护、互相帮助的良好风气，创造和谐、共赢的良好氛围，这会对学生的身心健康起到促进作用。相反，如果对后进学生漠然视之或冷嘲热讽，不仅会使被欺侮学生的身心受到伤害，教师也会因受到道义的谴责而不利于身心的健康发展。值得一提的是，在体育教学过程中，室外教学的关爱教育直观示范性比室内教学更明显，其教育意义也更加深远。

第二节　体操教学特点

体操动作教学与其他项目动作教学相比，其教学本身有着显著的特点。这些特点首先体现在体操动作结构、时间和空间三者的辩证统一及蕴含的内在规律性的变化上，充分认识和遵从这一内在规律性变化，对有效提高教学质量、顺利完成教学任务来说，是必不可少的。

体操教学的特点是基于体操动作特点的，体操动作教学过程中所采用的方法、教学组织、教学要求，以及学生在学习动作技能过程中的反应、感受和学习动作的规律性，形成了教学本身独有的特点。

一、体操动作的特点

（一）非常规性

就体操动作的主体而言，其本质特点是与人体基本的活动方式存在相当距离的非常规性。例如，使人体倒置的动作有头手倒立、手倒立等；特殊的柔韧性动作有纵叉、横叉、下桥和转肩等；强调平衡的动作有各种静止慢用力动作，平衡木上的各种跳步、转体和翻腾等动作；还有对时空结构要求较高的回环、摆动、空翻转体、全旋摆越和脱手再握等动作。这些动作与人们日常生活中的常规动作差距较大，这就是体操主体动作的非常规性特点。它们是人类在长期经验积累的基础上，经过专门的设计、完善，逐步定型，并形成相对稳定的规范和规格。体操动作的非常规性决定了体操动作都有一定的难度，在学习过程中始终包含着一定的危险性，不宜自学，需要严格组织教学，并有专门的保护与帮助措施。

（二）复杂性

体操项目属于竞技类难美项群，其技术特点十分突出地表现在完成动作的过程中，以及身体对动作结构、时间和空间的感受、把握和表现能力上。此外，就单个动作而言，动作从开始到结束一般为一秒钟左右，在短时间内完成比较复杂的动作技能，即使学生顺利完成了动作且动作符合技术要求，在完成动作的过程中，人体对动作的感受、把握和调整也是有一定难度的。同时，体操项目的部分动作是在具有一定高度的器械上进行的，器械结构特点所限定的人体完成动作的空间范围具有较强的复杂性，这就决定了在一定空间范围和时间内完成结构复杂的动作具有不确定性，动作的成功与失败、完成质量高与低伴随着动作的过程而存在。因此，体操动作的复杂形式是其他任何运动项目动作都难以比拟的。

（三）艺术性

体操动作通过动作的结构、形式和表现技巧等方面来体现其艺术价值。体操动作丰富，为体操内容的多样性和不断创新发展创造了十分广阔的空间。在丰富的体操动作中，绝大多数动作的运动轨迹都是曲线，其中最具代表性的是椭圆形、圆形和抛物线形。例如，各种回环动作的运动轨迹都是圆形或椭圆形曲线，各种空翻都是身体重心的抛物线运动与身体翻转的圆形运动的结合，滚翻运动则是身体重心的水平运动与身体各部分圆周运动的复合。这些都是曲线中最圆润的、灵巧活跃的、最富有美学价值的线形。完成体操动作，对身体姿态和表现技巧也有特殊的美学要求，如在做动作时，要求脚尖绷直、并腿等，在某种程度上延长了下肢的长度，使腿部与身体的整体比例更趋近于最佳美学比例。在女子自由体操整套动作中含有一定的舞蹈动作，又有优美的音乐伴奏，使动作的艺术特点得到充分展示。

二、体操动作教学的特点

体操动作教学的特点是与体操动作的非常规性、复杂性和艺术性等特点直接相连的。正是体操动作本身特有的这些性质，使得体操教学必须结合这些特点有针对性地设计教学方案，以期取得最佳的教学效果。

（一）在教学中广泛运用保护与帮助

体操动作的非常规性和复杂性，不仅决定了体操动作不适宜自学，而且决定了体操动作的教学离不开保护与帮助。很多体操动作具有一定难度，不可能一看即会，初学者只有在他人的帮助下才能完成，这是学习体操动作的必经之路。初学者只有在别人的帮助下亲自体验动作，才可能由感觉系统收集动作过程的时间与空间变化信息，这些信息经过加工形成运动知觉，使人最终建立起完整的动作概念。可以说，要是没有他人的帮助，很多体操动作就不可能学会。保护与帮助还是体操教学中预防运动损伤的有效措施，是培养学生团结协作精神的一种手段。保护与帮助能力也是教师业务素质的重要体现。因此，保护与帮助是体操教学中一种特殊的、重要的教学方法，教师应当熟练掌握并广泛运用它，还要注意培养学生的保护与帮助能力。

（二）教学程序的严谨性

按时间先后或依次安排的教学步骤称为教学程序。依据时间发展规律逐步认识事物，是人类思维的基本逻辑模式。体操动作的内在联系是表现在不同方面和不同层面的，在教学过程中，教师要从不同角度逐层揭示动作的特点，使学生从易到难，由浅入深，逐步认识、理解、把握，再到完成并充分表现动作。严谨、科学地安排教学程序，可以有效缩短学生对动作的认识过程，产生事半功倍的效果；反之，则可能造成不应有的损伤事故。教学程序的严谨性，一方面要求遵从学生的认知规律、动作技能形成规律、学生心理发展规律，以及人体能量供应规律等；另一方面，还要求研究、探讨体操动作体系在逻辑上的发展脉络，教学程序要顺沿这一脉络，以达到纲举目张的、较清晰的教学效果。

体操教学在程序安排上是多种多样的，可依具体情况恰当设计，但无论采用何种程序，教师都应做到教学内容清晰、教学步骤紧凑、教学方法得当、课堂要求严明。教师还要采取必要措施，对内向的或情绪消极的学生加以鼓励、表扬，让其能经常体会到学习成效，最大限度地调动其学习积极性；对于易兴奋、乐于表现的学生，教师要进行适当控制，并加强保护与帮助，尽可能消除或减少教学干扰因素和不利因素，使其既能发挥带头学习作用，又能稳定提高体操运动技能。

（三）教学方法与手段的多样性

学习体操动作技能是一种建立条件反射的活动，由于体操动作结构、时间和空间的辩证统一整体所蕴含的因素具有明显的非常规性和复杂性，因此建立体操动作技能的这种条件反射活动过程也显得较为复杂。体操动作学习过程具有一定的危险性，在学习某些较难动作时，学生常会产生害怕心理，这种害怕心理将影响学生的学习效果，甚至可能成为发生运动损伤的原因。

因此，在学生理解、认识和掌握动作的过程中，教师只有运用多种教学方式、方法与手段，才能开通多种信息传递渠道，向学生传递多方面的动作信息，让学生尽快整合这些信息，建立起完整的动作概念。例如，教师运用讲解、分析和提示等手段，使体操动作的有关信息作用于学生的听觉器官，从抽象层面帮助学生理解动作，了解动作要领；通过示范动作、图解、模型、录像、电影和多媒体等手段，使体操动作的有关信息作用于学生的视觉器官，从直观感受层面帮助学生建立正确、完整的动作表象，让学生通过视觉通道，接受各种关于动作的直观信息，认识动作外部的运动学特征；运用保护与帮助、辅助器械和分解练习等手段，让学生在未能独立完成动作之前体验动作的过程，通过本体感觉器官、平衡器官和触觉器官等接收运动过程的时间与空间变化信息，逐步建立动作概念。另外，由于体操内容丰富且种类繁多，不同练习内容之间的差异较大，教师在体操教学中必须针对不同教材的特点，选择适宜的教学方法与手段。

（四）教学过程的美娱性

体操教学过程的美娱性是指在教学活动中，学生具有对体操动作美的主观反应、感受、欣赏和评价的特点。体操属于技能主导类的难美运动项目，它的动作具有规范性和艺术性，追求动作的难与美。体操动作的成绩评定是以完成动作的技术规格和身体姿态的优劣，即动作的完成质量来进行的，所以在体操教学过程中，要始终把动作的规范和身体姿态的优美作为目标，每一个动作练习都要准确、到位，讲求基本姿态。

人人都有娱乐和感受美的能力，但不是天生的，而是在实践中产生和发展起来的。就学生在体操教学活动中的美娱感受而言，不同的学生会有不同的感受，学生个体与个体之间也会因体育美学修养、体操技能水平和个性特征的不同，而形成对体操动作美娱性感受程度上的差异。但在体操教学活动中，学生通过观摩、欣赏和亲身体验，对动作丰富的运动线路、准确的运动部位、严谨的运动节奏、优美的运动姿态、令人兴奋的音乐旋律，以及克服困难后所取得的成功等，都会产生特殊的兴奋和愉悦，这种积极的心理状态对下一步的教学活动有十分积极的反馈和强化作用。

体操教学过程的美娱性特点，在培养和提高学生认识运动美、理解运动美、表现运动美和创造运动美等能力方面，发挥着十分积极而又独特的作用。

第三节　体操教学原则

体操作为体育运动的一部分，它的教学需要遵循体育教学的一般原则，如自觉性与积极性原则、从实际出发原则、直观性原则，以及巩固与提高原则等。但体操运动有自己的特点，体操教学除了应该遵循一般的体育教学原则之外，还要遵循自己的一些特殊原则。

一、学习技术动作与提高身体素质并重原则

完成体操动作需要克服人体自身的重量，足够的相对力量是学习体操动作的前提，缺少这一前提，许多体操动作便无法掌握，例如，在学习单杠翻上成支撑时，如果手臂与腹部肌肉力量不足，无论教师采取什么教法，都难以让学生掌握。体操动作常需要以各种超常规的身体姿势来完成，这些姿势对学生的柔韧性要求较高，如果学生柔韧性较差，不但会影响动作的幅度，还会影响动作的顺利完成，例如，在学习技巧燕式平衡时，如果腿部的柔韧性不好，就难以完美地做出这一动作。此外，提高身体素质，还能有效防止运动损伤情况的发生。

因此，教师进行体操动作教学，不但会使学生的动作技术得到提高，还能使学生的身体素质得到提高。但这种身体素质的提高，仅靠动作学习过程来完成是远远不够的，教师在强调技术动作学习的同时，还应该贯彻学习技术动作与提高身体素质并重的原则，系统地安排学生进行身体素质练习。对于身体素质练习的内容，应根据青少年身体素质发展的规律，适时发展学生的各种素质，并在学习某些动作之前，有针对性地安排专门性的身体素质练习，为相关动作的学习打好基础。

二、技能学习系统性原则

体操动作是一个结构复杂、内涵丰富、涉及因素繁多，而又相互作用、相互依赖的动作体系。众多不同项目的体操动作，从外部特征上来看似乎是彼此独立的，但从技术结构的角度来看它们是一个相互联系的整体。体操动作中蕴含特殊的要素链和结构链，这些链将大部分体操动作联系在一起，形成纵横交错、纲目分明、相互联系、相互包含和辐射发展的动作网络体系。这一体系是立体的，每个动作在这个体系中无论是在纵向上，还是在横向上，都与其他动作有紧密的联系，每个动作既是本项目中高一级动作学习的基础，也可能是学习其他项目中技术相似的动作的基础，相同的技术要素将它们紧紧联系在一起。

因此，在体操教学过程中，教师要全方位地考虑各个项目、各个动作之间内在的逻辑脉络，系统、全面地安排整体教学计划，在有限的时间内获得最优的教学效果。例如，技巧直腿前滚翻是由前滚翻发展而来的，它可以发展为鱼跃前滚翻直腿起，同时它又与

跳箱的前滚翻及双杠的前滚翻分腿坐技术相似,都含有前滚翻和屈体直腿这两个技术要素。体操技术结构的立体化特点,要求教师在制订教学计划时,应从整体上认识体操教学内容间的技术联系,并根据动作技能的迁移原理科学地安排教学进度,促进各项技能间的正向迁移,提高教师的教学质量和学生的学习效率。

三、技能学习安全性原则

体操动作较为复杂且有一定的难度,体操器械又有一定的高度,以至在体操动作结构、时间和空间关系中蕴含极其复杂、多变的因素。同时,学生在学习时,往往对动作的复杂性和可能遇到的危险认识不足,所以在动作学习过程中常常会发生损伤事故。为了体现以人为本的精神,在体操教学中,教师应始终把教学的安全性放在首要位置,从多方面着手预防运动损伤事故的发生。教师应当认真分析损伤事故发生的原因,经常进行课堂安全教育,增强学生的安全意识;应当循序渐进地安排教学进度,防止不切实际的冒进行为;应当强化课堂的组织纪律,适当控制一些易于兴奋和乐于表现的学生的行为;应当做好课前场地、器械的安全检查,铺设好必需的设备;应当在教学中加强保护与帮助,培养学生互相保护、帮助与自我保护能力;应当加强素质训练,提高学生的身体素质。

四、审美性原则

审美性原则是指在体操教学过程中,要始终坚持对美的追求。在教学中,应讲究姿态美、协调美、节奏美、表情美,以及音乐与动作融合之美,要求学生在举手投足之间有体操的"味道",展示出体操动作健与美的特征。在讲究美的体操氛围中,学生通过观摩、欣赏和亲身体验,接受美的熏陶。在体操练习中表现出的丰富的运动路线、优美的运动姿态、协调的肢体配合、和谐的运动节奏,以及展示美的自豪感,都会使学生产生兴奋和愉悦的心情。在体操教学中坚持审美性原则,可以使学生经常体验到运动之美和形体之美,并逐渐将这种美感内化,提高他们感受美、欣赏美和评价美的能力。

第四节　体操动作教学过程

动作技能的形成有其特定的规律，根据运动生理学的研究，学生从研究学习动作，到能轻松而准确地完成动作，最后形成动作技能，大致要经过三个阶段，即初步建立动作概念阶段、改进提高动作质量阶段和巩固完善动作技能阶段。与之相应的，根据体操动作结构、时间和空间三者的辩证关系，可将教学过程分为三个时相：在第一教学时相区，采取优化动作时空条件的方法，降低完成动作的难度，加快学生掌握动作的速度；在第二教学时相区，按正常的动作结构、时间和空间关系，重复练习动作，强化正确动作技术；在第三教学时相区，适当降低完成动作的时空条件，主动、适度地加大完成动作的难度，力图超量提高学生完成动作的能力，使动作质量和稳定性上升到新的层次。

一、初步建立动作概念阶段

在初步建立动作概念阶段教学中，教师的任务是让学生初步了解动作技术，取得感性认识，初步形成动作技能，并能粗略地掌握动作。此阶段，学生的生理学特征是大脑皮层兴奋与抑制过程相互转化的灵活性较差、处于泛化时相；在练习动作时，动作各环节肌肉紧张程度缺乏必要的协调性，有多余动作出现，动作外观显得牵强、费力、不连贯、错误多等。学生在这一阶段只能初步掌握动作，尚不能顾及动作细节。因此，教师要注意引导学生抓住动作的关键技术环节，精讲多练，加强保护与帮助，注重重点示范和讲解，使学生建立正确的动作概念，了解完成动作的基本方法和要领。

在这一阶段，教学过程处于第一时相区，因此教学方法的选择和设计原则是设法采取措施优化完成动作的空间和时间条件，降低完成动作的难度，加快学生掌握动作的速度。主要的教学方法有：（1）降低器械的高度，减轻学生的恐惧心理，便于保护与帮助，如在倒立架上练习双杠肩倒立、手倒立等；（2）加宽器械的宽度，如跳平台、练习屈腿腾越和屈体腾越等；（3）调整器械的角度，在斜面上从上往下练习动作，使动作易于完成，如技巧前滚翻和后滚翻等；（4）增加器械的弹性，如利用弹网、在器械上增设弹簧、在器械上放置海绵垫等；（5）教师直接进行保护与帮助，保证学生顺利完成动作。

二、改进提高动作质量阶段

在改进提高动作质量阶段的教学中，教师的主要任务是逐步消除学生的各种错误动作，使学生正确掌握动作技术，改善学生动作的协调性，提高学生完成动作的质量。学生在这一阶段的生理学特征是大脑皮层兴奋与抑制转换过程的灵敏性和协调性逐步提高，处于分化阶段。学生经过反复练习和思考后错误动作逐渐消失，能独立而正确地完成动作，动作的协调性大有改进，肌肉过分紧张的现象逐步消失，但这些进步尚不巩固，在受到不良刺激后，动作的协调性易受到破坏。因此，教师在这一阶段要组织学生反复练习，强化正确动作，及时纠正错误动作，采取多种手段提高学生纠正错误动作的能力。在示范时，教师要注意进行正误动作对比，突出重点，注意细节讲解，精讲多练。同时，注意调整学生的运动负荷，强化学生的身体素质训练，以适应技术发展的需要。

在这一阶段，教学处于第二时相区，练习方法的选择和设计要围绕正常的动作结构、时间和空间关系进行，重复练习动作，强化正确技术，在必要时，可穿插选用第一教学时相区与第三教学时相区所采用的方法。

三、巩固完善动作技能阶段

在巩固完善动作技能阶段，学生的生理学特征是大脑皮层兴奋过程高度集中，抑制能力强，兴奋与抑制过程的转换高度灵敏、协调。此时，学生所学的动作技术日臻完善，并能轻松自如地完成，应注意进一步提高学生的身体素质水平，引导学生对动作技术理论进行探讨，加深学生对动作的全面的、深层的认识，组织学生互相帮助，并互相纠正动作错误。

在这一阶段，教学处于第三时相区，练习方法选择和设计原则是设法采取措施，适当降低完成动作的空间和时间条件，有限度地提高完成动作的难度，锻炼学生完成动作的能力，提高完成动作的技术水平和动作质量。主要的教学方法有：（1）提高器械的高度，锻炼学生完成动作的信心和毅力；（2）调整器械的角度，在斜面上从下往上做动作；（3）变平面为高低台阶，从低台阶往高台阶方向做动作；（4）增设限制物和标志物，提高完成动作的规格；（5）将动作编成联合动作和成套动作进行练习；（6）采用教学比赛、游戏、测验和考试等方法。

动作技能的形成过程是一个有机的整体，三个阶段的划分是相对而言的，并没有明显的界限，对于各阶段教学方法的选择、设计和运用，要因人、因时、因项目、因动作而异。在教学实践中，应按各阶段特征去观察、分析和评判教学状况，及时采取有效措施，使学生尽快形成动作技能并进一步巩固与提高。

第五节　体操教学方法

教学方法是指教学过程中实现教学目标、完成教学任务的途径和手段。体操教学方法是指教师向学生传授有关体操动作知识、技术、技能的途径和手段。教学方法是学生掌握体操知识、技术和技能过程中必不可少的。体操教学方法实际上是体育教学方法在体操教学中的具体应用，但体操教学有自己的特殊性，教师在教学中应根据体操教学的特点，创造性地加以应用。所有体操动作的教学方法都是以使学生理解、掌握所授动作结构、时间和空间概念及其相互间辩证关系的信息为最终目的的。根据这种信息本身的传输与接受途径和方式，可将体操教学方法分为直观法、语言法和练习法三类。

一、直观法

直观法是通过对体操具体动作的示范、图解和模型展示等，将动作的过程显示出来，使学生了解动作结构、时间和空间外部运动学特征的教学方法。教师的示范、教具的演示，以及图解的表达将动作过程信息通过光波传递给学生的视觉器官，视觉器官感知这些信息后传递给大脑，大脑通过加工整理后形成动作表象。当前，在体操教学中常采用的直观法是示范法和影像演示法。

（一）示范法

示范法是指通过提供学习的典范动作，使学生了解动作的结构、速度、节奏和幅度等的方法。示范法是体操教学中最常用的直观教学法，这是因为示范法最为简便、真实，最具有感染力，不但可以帮助学生建立正确的动作表象，还能激发学生的学习热情，让学生产生进行动作练习的冲动，对学生起到鼓舞和激励的作用。教师优美的示范动作，还能起到提高教师威信的作用。由于体操教学内容较多，示范的方法也较多，常用的示范法包括完整示范法、分解示范法、重点示范法、慢速示范法、对比示范法，以及领做示范法等。

1.完整示范法

完整示范法是指对单个动作、联合动作和成套动作从头到尾进行示范的方法。对于一些简单、难度小的动作及其组合，可采用完整示范法。完整示范法的优点是可以将动作全过程展现给学生，让学生建立起完整的动作表象，达到提高教学效果的目的。

2.分解示范法

与完整示范法相反，分解示范法是指对单个动作、联合动作和成套动作在时间、空间和结构上进行调整，分别进行示范的方法。对一些复杂、难度高或连接困难的动作及其组合，可采用分解示范法。

3.重点示范法

重点示范法是指对体操教学内容中一部分难度较大、路线较复杂的动作，在教学中将它们分解成若干部分，对动作的关键及难点突出于其他部分进行示范，以增加其鲜明感，加强学生对该部分的注意和理解的一种教学方法。

4.慢速示范法

慢速示范法是指人为地延长完成动作的时间，使动作的速度明显慢于正常速度的示范方法。放慢动作的速度，可使学生更清楚地看到动作的过程，有利于学生观察和理解动作。慢速示范法只局限于难度相对较小的动作，常在徒手体操和轻器械体操中运用。

5.对比示范法

对比示范法是指针对学生在学习中出现的常见错误，相继做出正确的动作和典型的错误动作，以此引导学生对正误动作进行比较和鉴别，弄清错误所在，强化对正确动作的理解的方法。在运用对比示范法时，应注意避免过分夸张地展示错误动作和过多地重复错误动作，以免带来适得其反的效果。

6.领做示范法

领做示范法是指教师与学生同步进行练习的方法。领做示范法有利于学生在练习中模仿教师的动作和节奏，提高学习效率，多用于徒手体操和轻器械体操教学。

运用示范法时应注意做到如下三点要求：（1）示范动作应准确、优美，精神饱满，具有感染力，起到既能给学生建立起正确、清晰的视觉表象，又能使学生产生美感，激发起学生学习热情的作用；（2）应在教学的不同阶段有针对性地进行示范。在教学的第一阶段，应做正确、完整的示范，并配合精练、生动和形象的讲解，使学生建立起完整的动作概念。在教学的第二阶段，除了做完整示范之外，还应针对学生学习中出现的问题做分解示范或对比示范，以预防和纠正错误动作，改进和提高动作技术，同时着重改进动作细节，提高动作质量；（3）正确地选择示范位置和示范面。示范位置是指示范者与学生之间的空间关系，其距离多远、位置多高应根据学生的队形和人数来决定，应能保证全体学生都看得清楚。在进行徒手体操和轻器械体操教学时，对于长方形或正方形的队伍，示范位置应在与前排成等边三角形的顶点上；对于圆形或弧形的队形，示范位置应在其圆心处；如果人数较多，示范者应站在较高的位置上。体操教学中常用的示范面有正面、侧面和背面三种。正面示范的特点是示范者在面对学生的情况下，运动方向与学生一致。对于体操动作教学，一般采用正面示范和侧面示范两种形式，具体采用哪一种示范面，则要看动作技术结构的特点和教学的需要。对于徒手体操和轻器械体操教学，常采用正面示范、侧面示范和背面示范；对于以左右动作和上下动作为主且路线较简单的动作，一般采用正面示范；对于以前后方向为主的动作，一般采用侧面示范；对于路线较为复杂、四肢配合较难的动作，一般采用背面示范。

（二）影像演示法

影像演示法是指运用图解、电影、卫星电视、摄影、录像、计算机、模拟、幻灯和投影等多种现代化技术设备显示动作完成的过程，而使学生了解动作的运动学特征的一种教学方法。影像演示法可以打破时间与空间的严格限制，为教学提供极大的方便。例如，现代电化教学技术，尤其是计算机技术，可以从更多的角度展示动作，可以任意地控制动作完成的时间，要快可快、要慢可慢，还可以将动作定格在某一时段，使之"凝固"在屏幕上，便于师生分析其动作技术，以达到示范动作达不到的效果。运用现代的摄像技术，可以将学生的动作拍摄下来并放映给学生看，使学生真正了解自身动作存在的问题。另外，可以采用计算机技术，在三维动画平台上制作教学动画；可以采集学生的动作图像，并运用数码技术输入计算机，进行比较分析；可以制作教学课件，利用课件中的互动功能，让学生自主进行分类学习、插入学习、比较学习和问答学习等。教材的立体化发展趋势，还可以为我们提供体操的电子版教材。

总之，随着现代教育技术的不断提高，更加先进的电化教学手段将逐渐进入体操教学课堂，为体操教学改革提供更有效的手段。应当指出的是，应用现代教育技术的各种手段，要有明确的目的性和针对性，不能盲目滥用。电化教学毕竟只是一种辅助性的教学手段，只有与其他方法、手段合理配合，才能取得更佳的教学效果。

在运用现代图像显示方式时，应注意做到如下六个方面：（1）根据教学不同时段的需要；（2）针对不同教学内容的特点；（3）掌握好运用的时机；（4）注意与其他教学方法、手段的有机结合；（5）考虑学生的需要和观察的效果；（6）考虑实际条件和可行性，与传统教学密切结合、相得益彰，提高教学优化水平。

二、语言法

语言法是指运用第二信号系统的条件联系，教师（或音响）向学生发出有关体操动作的语言信息，促使学生掌握动作技术的教学方法。语言法作用于学生的听觉器官，使学生进一步理解动作和获得如何进行练习的信息，启发学生积极思维、想象和联想，加深学生对动作的理解，并能培养学生分析问题和解决问题的能力。语言法包括讲解、提问、提示、口令和评价等。

（一）讲解

讲解是以语言的方式向学生说明体操动作的名称、要领、要求，以及动作的基本原理，说明动作的结构和关键技术，揭示技术的内在联系，以加强学生对动作的理解。运用讲解法时应注意做到如下五个方面：（1）要有明确的目的性和针对性，应根据教学的主要任务和要解决的主要问题进行讲解；（2）讲解要注意科学性，用学生已学的知识讲解动作的基本原理，从而使学生加深对动作的理解；（3）语言要精练，突出重点，提倡运用术语、口诀等方式进行讲解；（4）语言要形象生动，富有启发性，能激发学生的想象力，加快学生对动作的理解；（5）要注意讲解与示范的合理配合，在必要时可以边示范边讲解。

（二）提问

提问是指在教学中教师向学生提出问题，并要求学生回答的教学方法。运用提问法，可以培养学生分析问题和解决问题的能力。教师在运用提问法时，应注意要把所提的问题用简练的语言讲清楚，所提的问题要针对学生的实际水平而定，问题既不要太难，又不要太容易，应当是学生经过短时间思考即能回答的，在学生难以回答时应给予必要的提示。

（三）提示

提示是指教师在学生练习的过程中，用短促、有力的口令提示动作的方向，用力的时机、部位及关键的技术，以此强化正确的技术、抑制错误的动作。例如，在做前滚翻时，当学生两腿蹬地后，教师立即发出"低头"的提示，以提醒学生迅速低头，避免出现抬头的错误动作；当学生在练习中出现腿弯曲时，立即发出"腿伸直"的提示，提醒学生立即纠正。提示的时机要与动作同步，应准确、及时，发音应清脆、洪亮，以起到警示的作用。

（四）口令

口令是指由教师（或音响）发出的指挥学生统一行动的命令式的口头信息。口令可分为队列指挥的口令和做操的节拍口令两种。无论是指挥队列，还是指挥做操，下达口令时都要求做到准确到位，声音清晰、洪亮、短促、有力，还要有节奏感。

做操口令还要求做到快慢结合、强弱分明、有一定的提示和感染作用，具体要求如下：对于刚健的动作，口令应当短促、有力，音调高而重；对于柔和、舒展的动作，口令应当柔而轻；对于跳跃性的动作，口令应当轻而快，节奏明快；对于幅度大、路线长的动作，口令应当缓慢、悠长、深沉、有力。在做整理运动时，口令应轻松、缓和，音调低平。在做操过程中，教师还可以根据练习的需要，有意识地在口令中加入一些具有提示性和启发性的语言，以利于学生更好地完成动作，如"一、二、抬、头""五、六、用、力"等。

（五）评价

体操教学中的评价是指对学生完成动作的质量给予简明的口头评定。在教学中，教师常在学生完成动作后立即给予口头的评定，如"很好""不错"等。对学生完成动作的质量进行评价，可让学生了解自己练习的实际效果，还可以激起学生的成就感，调动学生学习的积极性。当然，教师对于学生学习中存在的问题必须明确指出，但要注意措辞，避免伤害学生的自尊心，打击学生学习的积极性。

教师在运用语言法时应注意做到如下三个方面：（1）应力求生动形象、通俗易懂，既要正确使用体操专业术语，又要符合学生的接受能力；（2）要简明扼要，突出重点和关键，揭示动作结构、时间和空间的内在关系；（3）在不同的教学阶段，有不同的目的性和针对性。例如，在第一阶段，配合动作示范，精讲动作要领和完成动作的方法；在第二阶段，针对教学中出现的问题，重点分析和纠正错误动作；在第三阶段，深入揭示动作的内在规律，对动作质量提出更高的要求，注意语言的启发作用，引导学生的积极思维和想象。

三、练习法

体操动作是典型的封闭式运动技能，这种运动技能需要反复练习才能掌握。因此，练习法是体操教学中最常用的一种教学方法。体操内容的丰富性和技术的复杂性决定了体操练习方法的多样性，其中，主要的方法包括完整法与分解法、重复练习法、同步练习法，以及游戏法与比赛法。

（一）完整法与分解法

1.完整法

完整法是将单个动作或组合动作视为一个整体，使学生通过练习建立完整的动作概念的教学方法。它的局限性在于不适合某些较复杂的、难度较大的动作学习。

2.分解法

分解法是指将单个动作或联合动作分成几个有机联系的部分进行教学，待学生通过练习掌握了各部分技术后，再将各部分组合起来完整地进行练习的教学方法。它的优点是可以将所学的动作简化，使学生集中精力学习某些较难的技术环节，容易入手并可较快地掌握技术动作。它的不足是容易割裂各部分之间的内在联系，破坏动作的结构，不利于学生形成完整的动作概念。

在运用分解法时，应注意做到如下四个方面：（1）对于一些较简单的动作，不必刻意将它们分解开进行学习，以免降低学习效率；（2）在采用分解法之前，应对动作的技术结构进行深入分析，以便科学地将动作进行分解；（3）分解练习的时间不宜过长，否则易形成分解动作的动力定型而影响完整动作的学习；（4）分解法的最终目的是让学生掌握完整的动作，所以应注意分解法与完整法的合理配合，使两者相互促进、相得益彰。

（二）重复练习法

重复练习法是指在相对固定的条件下，不改变动作的结构，按照动作要领反复练习的教学方法。这种方法在单个动作和成套动作练习中均可采用。重复练习法还可以分为连续重复练习法和间歇重复练习法。

1.连续重复练习法

连续重复练习法是指练习之间没有间歇，连续不断地做相同的一个动作或成套动作，如连续前滚翻、连续做挂臂屈伸上、连续做后倒屈伸上等练习。在体操教学过程中，一般在复习课或学习技术较为简单的动作时采用此种方法。运用连续重复练习法，不仅可以促进学生动作技能的巩固和提高，还可以发展学生的专项素质，增强学生体质。

运用重复练习法时，应注意做到如下三点：（1）防止错误动作重复，一旦发现学生出现错误动作，教师应立即予以纠正，避免出现错误动作的动力定型；（2）在学习动作技能的第一阶段与第二阶段，一般不采用重复练习法，以免影响学生对正确技术的掌握；（3）在运用连续重复练习法时，应按照学生的实际能力确定练习的次数，避免因重复次数过多而导致学生负荷强度过大，影响他们的身体健康或出现损伤事故。

2.间歇重复练习法

间歇重复练习法是指在重复练习的过程中，有相对固定的间歇时间，间断地反复进行一个动作或一套动作的练习方法。此种方法有利于学生对动作技术进行精雕细刻。在动作学习的第一阶段，一般采用间歇重复练习法。连续重复练习法与间歇重复练习法各有长处，但都有一定的局限性，在体操教学中，应当根据教学的不同阶段、不同动作的特点，以及学生的实际情况，加以选择和搭配。

（三）同步练习法

体操动作教学是一个双边活动的过程，既包括教师的教的方法，如直接助力于学生、设置一个斜面、改变动作的结构等，又包括学生的学的方法，如观察思考、练习模仿等。将教师的教的方法寓于学生的学的练习之中，使教与学同步进行，融为一体的教学方法就是同步练习教学法。同步练习法直接作用于学生的本体感受器官，通过有步骤的练习，使肌体的工作能力逐步达到完成动作的要求，使条件反射逐步系统化，从而建立动作概念，形成动作技能。

练习法是体操教学方法系统中最基本、最主要的方法之一。对于有难度且审美特征不宜进行自学的体操动作来说，练习法具有举足轻重的意义。其他教法，如直观法和语言法等，属于或做前期指导练习或滞后分析练习效果的、与学生练习相脱离的间接教学方法，须经过学生的练习，才能达到掌握动作的目的。因此，教师的精力应更多地放在设计与学生进行同步练习的教法，即同步练习法上。同步练习教学手段丰富与否，在某种程度上反映了教师的专项技术和理论素养。

根据体操动作结构、时间和空间的含义，以及三者之间的辩证关系，教师在教授某一动作的初期，往往采用简化动作结构、优化动作时空条件的方法，来降低学生完成动作的难度，使学生尽快认识动作、体会动作，提高把握动作结构和动作时空的能力。在学生能够完成动作之后，在正常的动作结构、时间和空间条件下重复练习动作，可以强化学生对动作内部特征的认识和理解，提高学生完成动作的能力。对于体操普修课教学来说，往往到此为止。而对于体操选修课，尤其是体操训练来说，还要在学生掌握动作之后，设法降低完成动作的时空条件，让学生在相对更困难的情况下练习动作，从而促使学生进一步提高完成动作的能力，使动作的完成更具个性和稳定性。

依据体操动作结构、时间和空间之间蕴含的辩证关系，将同步练习法分为以下六个方面：

1.改变动作时间的方法

改变动作时间是指改变或调整动作的时间因素。在不同的教学阶段，改变动作时间可以调整练习动作的难度，使动作变得相对容易或更难。改变动作时间的方法有很多，简述如下：（1）延长动作时间。可摆动动作（稍加用力慢速做），以降低动作难度；可静止动作（手倒立延长动作持续时间），以提高控制身体的难度；（2）缩短动作时间。

在练习慢用力动作时，如慢起倒立，最初可稍加摆动，用加快速度的方法降低身体上起的难度；（3）改变动作节奏。无论是单个动作，还是成套动作，都有其特殊的动作节奏，放慢或加快动作节奏可使动作产生或难或易的变化。

2.改变动作空间的方法

改变动作空间是指调整构成动作的空间因素，用来改变动作的难易程度，提高教学效果，具体的做法有以下七个方面：

（1）调整器械的高度。对于双杠的肩倒立、手倒立和倒立转体等动作，可在倒立架上练习；对于山羊、鞍马全旋等动作，可通过无腿山羊、无腿鞍马等低器械练习；对于高单杠的短半径回环等动作，如支撑后回环，可先在低单杠上练习；对于平衡木上的跳步和滚翻等动作，可在地平衡木（无腿平衡木）上练习。降低器械的高度，可消除或减轻初学者的恐惧心理，提高其完成动作的信心，也便于对学生进行保护与帮助。

（2）调整器械的宽度。对于跳马动作，可采用平台或跳桌来练习，以消除学生初练时害怕撑空的心理；可在地面上画线，帮助学生练习平衡木动作；调整高低杠的杠距，使其最大限度地变宽或变窄，降低动作技术难度，提高学生完成动作的成功率。

（3）调整器械的角度，变平面器械为有一定角度的斜面器械。①斜面练习滚翻类动作。从上往下做动作，使学生从动作一开始就处于有利位置，完成动作将变得非常容易，也可从反方向做，即从下往上做动作，增加完成动作的难度；②将跳马调整为斜面马，使学生较易看清要支撑的部位，并可减轻学生怕碰撞跳马近端的恐惧心理；③将双杠调成斜面状，练习挂臂屈伸上，可提高初练者的重心位置，使其动作易于完成，也可从反方向做，提高练习的难度和情趣。

（4）调整器械的长度，用双山羊替代纵跳马，双山羊间的距离可视情况进行调整。

（5）调整器械的弹性。调整器械弹性的方法有：①在跳马身上搭一块海绵垫，在推手时可缓冲手腕承受的冲击力，也给学生以安全可靠的感觉；②在双杠杠面上放一块海绵，帮助练习前摆下、后摆下及前滚翻、挺身后滚翻等动作，可避免学生因腿部打杠失误造成腿部伤痛；③在跳桌上放五块跳板，在推手时可以获取更大的反作用力。

（6）调整动作在器械上的部位。对于双杠杠中绕杠下动作，学生在初学时可在杠端练习，以防止动作失控而打杠受伤。

（7）增加附加器械、辅助器械和保护设施。增加器械和设施的方法有：①在跳箱面上放一个小球作为标志物，提醒学生支撑位置和推手角度；②在双杠侧外设置一个平台，帮助学生练习一些下法动作；③在吊环绳带上绑上横杆，帮助学生练习慢起倒立等动作；④器械上安装保护绳带等；⑤制作"蘑菇山羊""环形山羊"等，改善手腕支撑方式；⑥教师直接帮助学生练习动作，保证学生安全、顺利完成动作。

3.改变动作结构的方法

改变动作结构是指改变动作结构中的基本要素及联结方式。体操动作结构中的一些要素非常活跃，能起到"集成电路块"的作用，形成动作结构中的要素链，在体操动作体系中起着举足轻重的作用。沿着这些要素链发展动作，可形成技术个性、掌握一连串的动作。所谓的"立体教学法""断面教学法"的基础也就在这里。

改变动作结构的方法，有以下两个方面：

（1）改变动作的开始姿势，例如，在学习鱼跃前滚翻时，可先由蹲在体操凳上开始，体会动作关键环节的撑地前滚动作；

（2）改变动作要素链中的成分。在横向和纵向上发展动作数量和动作难度，例如：①身体姿势要素链，团身—屈体—直体—屈直体；②转体度数要素链，转体90°—转体180°—转体270°—转体360°；③结束姿势要素链，悬垂—挂臂—屈臂支撑—支撑等。

4.改变动作时间和空间的方法

将垫子摆成台阶状，可帮助学生练习头手翻和前手翻，也可练习空翻等动作。从高台阶向低台阶做动作，可提高完成动作的时间和空间条件，使动作易于完成。从低台阶向高台阶上做动作，能降低完成动作的时间和空间条件，主动加大完成动作的难度，提高学生完成动作的能力。

5.改变组合动作结构和时间的方法

改变组合动作结构和时间的方法，如单个动作—联合动作—上半套动作—下半套动作—成套动作—连续成套动作。

6.正常动作结构和空间练习法

正常动作结构和空间练习法是指完整动作练习法，即在不改变动作构成要素和原貌的情况下，重复地练习所教授的动作。

同步练习法在形式上近似体操界广泛认知的"分解法与完整法"，但同步练习法又不等同于这些方法。分解法与完整法仅是相对于动作结构而言的，主要是从教师的教学步骤方面进行考虑和安排，而同步练习法包含更广泛的含义，这一方法是在理论与实践的基础上，将动作、时间和空间三者构成的有机整体及辩证统一关系适时、恰当地分解和调整，蕴含教师的教和学生的学两方面因素。在教学实践中，教师可根据实际需要，既可采取各种方式降低动作难度，使其简单易学，加快学习进程，提高教学效果，又可反其道而用之，设置适当方式使动作难度相对提高，以此锻炼和发展学生完成动作的能力。同步练习法具有难易双向可调性。

设计和运用同步练习法，应注意做到三点：（1）要有明确的目的，对于每一个练习方式，教师都要向学生提出具体而切合实际的要求和目标，要将小目标与大目标有机地联系在一起，以取得最好的练习效果；（2）教师要根据学生特点、动作难易程度及教学过程的不同阶段，科学、巧妙地设计同步练习的具体手段和练习时间、重复次数等，使学生能尽快掌握动作，并进一步提高完成动作的质量和控制动作的能力；（3）教师要预防和及时纠正学生的错误动作，在练习过程中适时运用示范、讲解等方法，及时进行技术分析，让学生在理解动作技术的基础上去练习。

（四）游戏法与比赛法

1.游戏法

游戏法是指在体操教学中，结合教学的需要，采用游戏的形式，组织学生练习的方法。游戏法的特点是具有趣味性、竞赛性和创造性。通过游戏，可使一些枯燥的体操练习变得妙趣横生，达到活跃课堂气氛、调动全体学生积极参与活动的目的，还可以培养学生的团队精神和良好的心理素质。一般将游戏安排在课堂的准备部分或结束部分，以游戏的方式，促使学生达到活动身体、集中注意力或放松的目的。

丰富的体操内容为教师创编各种各样的学生喜欢的游戏提供了诸多素材。例如，利用吊绳、横绳、爬竿、肋木、云梯等器械，组合成"过河""探险"等游戏；把双人操练习变为各种互顶、互拉、互相破坏对方平衡的游戏；将短绳、长绳、体操棒、实心球等轻器械练习组合成游戏；将某些提高身体素质的练习演变成游戏，如"抬木头""推小车""爬倒立"游戏等；还可以将学过的体操动作组合成游戏，如技巧前滚翻—单杠翻上—单腿跨越成后撑跳下—技巧后滚翻—接力跑等。

在体操教学中，教师可发挥自己的创造力，针对要完成的教学任务，创编出有特色的游戏，但在游戏的创编与实践中要注意做到如下方面：①要有明确的目的性，创编游戏要有助于教学任务的完成，应选择有助于基本教材学习的一些辅助性练习作为游戏内容，不应为游戏而游戏；②要有明确的规则，创编游戏时应制定好规则，规则应简单明了，在游戏进行前必须讲明规则和要求，在游戏中应监督学生执行游戏规则，游戏结束后立即宣布游戏结果，并对输赢双方作出恰当评价；③要注意安全性，游戏所选用的活动内容一般应是学生已掌握的、较简单的动作，游戏的路线、方向和距离应合理，防止学生在游戏中发生碰撞，在使用器械时应事先检查它们的安全性；④要有创新性，有创新游戏才能引起学生的兴趣，过多地重复某一种游戏，将使学生对游戏失去新鲜感。

2.比赛法

比赛法是指以比赛的形式组织教学的一种方法，主要特点是竞争性和趣味性。运用此法，可使学生情绪高涨，促使学生最大限度地挖掘身心潜能，超常地发挥技术水平，同时培养学生的集体主义精神和顽强拼搏的意志品质。

在体操教学中应用比赛法的具体形式是多种多样的，可以是游戏比赛，也可以是教学比赛和测验比赛等；可以是个人与个人比赛、小组与小组比赛，还可以是班级与班级比赛。根据不同阶段的教学任务，体操教学比赛可分为比成功率、比动作质量和比动作数量三种形式。

（1）比成功率。体操动作有一定的难度，一般要经过多次练习才能掌握。对于体操动作，学生从不会做到初步会做，需要付出一定的努力，甚至要吃点苦头，否则就难以突破这一关。例如，学生在学习单杠挂膝摆动上这个动作时，常会遇到挂膝腿膝后部与杠之间发生摩擦而出现疼痛的情况，使得一些学生产生放弃的念头。为了解决这一问题，可以采取比成功率的形式进行教学比赛，促使学生全力以赴。在比赛中，可把学生分成人数均等的若干组，每组派出一名同学同时做同一个动作，只要动作完成了就得一分，动作完不成不得分，每名学生都得做，以得分多的小组为胜方。用此法进行比赛，可激发学生的练习热情，提高动作完成的成功率。

（2）比动作质量。体操教学的目的不仅仅是让学生学会动作，而且要求学生做好动作。在教学中，总有一部分学生只满足于会做动作，对于动作的质量持不在乎态度。对此，在学习的第二阶段，可采取比动作质量的形式促使学生纠正错误，提高动作质量。比动作质量，通常采用 10 分制评分方法。为了便于记分，在教学比赛中，还可采取低分值评分法，如 1 分制、2 分制、3 分制等。具体的做法是：根据不同阶段的教学要求设定分值，如在初学前滚翻时，要求学生做到方向正、团身紧，在比赛时就按 2 分制进行评分，如果这两个动作要求都做到了，就得 2 分，如果只做到一个动作要求，则只得 1 分，而两个动作要求都没做到，就得 0 分。对于分组比赛，可以把全组学生的得分累加起来，比较哪一组的得分最高。运用这种简便的评分办法，可突出教学重点，使学生更加明确学习目标，达到提高动作质量的目的。

（3）比动作数量。在体操教学中比动作数量的主要是目的发展体操专项素质。对于比赛内容，一般都是学生已经掌握的、技术较简单的动作，可比跳绳的次数，比倒立的时间，比双杠的支撑摆动臂屈伸、挂臂撑屈伸上的次数，或者比单杠的慢翻上成支撑的次数等，比赛的具体内容可针对学生素质中存在的薄弱环节而选择。对于动作数量的比赛，可以采取个人赛的形式，也可以采取小组赛的形式。

设计、组织体操教学比赛，应注意做好五个方面：（1）对于比赛的设计与实施，应紧密结合教学目标，为教学目标的实现而服务；（2）对于比赛内容的选择，应考虑学生体能和技能掌握的实际情况，并确保不危害学生的身体健康；（3）比赛规则要简明扼要、易于操作，要向学生讲明规则并加强监督，对于比赛结果的判定，要做到迅速、果断、公正和准确，在赛后要进行总结性评价，提出今后努力的方向；（4）对于比赛的组织要合理、严密，避免因拖拉而影响课程的进度，分组比赛应使各组的实力大致相等，提高竞争的激烈程度；（5）在比赛过程中，应注意学生的安全，要采取必要措施防止损伤事故的发生。

第六节　体操教学设计

教学设计是以解决教学问题为宗旨的一种理论与实践方法，追求的是教学效果的最优化。教学设计是从教学的规律出发，运用系统方法分析教学问题、确定教学目标、决定教学策略和实施方案，确定评价方法、给出评价结果，修改教学设计方案的过程。体操是各级学校体育课程的重要组成部分，它有自己的显著特点，在进行教学设计时，应相对独立地考虑体操这一教学子系统的设计问题。

体操教学设计是一种微观层次的设计，它是系统研究和规划体操教学系统、教学进程，以及制订教学计划的过程。运用系统方法进行设计，可对体操教学中的学生、教师、教学内容和教学条件等教学要素进行全面分析，协调各要素间的关系，制定出最优的教学策略，并通过评价来实现体操教学过程的变化。体操教学设计的步骤包括学习需要分析、学习目标确定、学习内容分析、学生分析、教学策略制定和教学设计成果评价。

一、学习需要分析

学习需要是指学生在体操学习方面当前状态与期望达到状态之间的差距，学习需要分析是教学设计的一个前端分析，主要解决"为什么要教"的问题。只有解决了"为什么要教"，才能为"教什么"和"怎么教"打下基础。

在分析学生学习体操的需要时，不但要考虑学生的需要，还要考虑社会的需要。当前，社会的发展对体育课程提出了健康第一、全面发展、培养个性和培养终身体育能力等期望，体操作为体育课程的重要组成部分，应当为这些期望目标的实现作出贡献。学生的学习需要包括学生对体操的情感态度和他们为获得健康、全面发展而对体操提出的需求。在分析学生的学习需要时，首先，要弄清体操能为社会期望目标的实现起到什么作用。其次，要通过调查研究，了解哪些体操内容是学生感兴趣的，哪些练习对学生的生长发育能起明显作用，哪些内容可使学生终身受益等。通过调查研究，可以发现体操教学中存在的问题，根据教学资源的现实情况探讨解决问题的合适途径。最后，要分析当前学生的体能与技术水平，在此基础上提出各阶段的学习目标。

二、学习目标确定

体操教学的目标主要有：（1）学生对体操的兴趣和学习的主动性、积极性有所增强；（2）对学生身体健康成长起到一定的促进作用，对学生的平衡、协调、柔韧、灵敏和力量等素质发展起到促进作用，尤其是对塑造学生健美体型与良好身体姿态产生积极的效果；（3）学生的体操运动技能在原有基础上有所提高，掌握一定的体操健身手段、掌握一定的在特定条件下求生存的基本技能；（4）对学生心理健康发展，尤其是对培养学生良好的意志品质起到促进作用；（5）培养学生的协作精神、团队精神和人际交往能力。

三、学习内容分析

体育教学改革的不断深入，赋予体育教师更大的课程自主权。在各阶段的体育与健康课程标准中，对各水平段的体操教学内容提出了总体的要求，但具体教什么则由教师自己选定。因此，对体操教学内容作出正确分析，是体育教师应当具备的基本素质之一。学习内容分析是为了规定学习内容的范围、深度和揭示学习内容之间的内在联系，以保证取得最佳的教学效果。体操学习内容分析包括内容的选择与组织两个步骤。

（一）学习内容的选择

现代体操运动为我们提供了丰富多彩的学习内容，众多的体操动作只有科学地加以选择，才能适合教学的需要。体操内容的选择实际上是一个根据教学目标对体操素材进行分析、判断和优选的过程。在选择时，首先，要对各种体操素材进行价值判断，分析它们在促进学生身体发展、体操运动知识技能学习、审美教育、情感体验和培养良好心理品质等方面的价值，进而分析它们对实现体育课程总目标的贡献率；然后，再根据学生身心的特点和技能基础，分析这些内容能否被学生所喜欢和接受，能否被学生所掌握；最后，还要分析场地、器材及其他教学条件是否具备。为了选好体操学习内容，在选择时应考虑以下四个方面：

1.健身性

所选的内容应能对不同年龄阶段学生的身体发育有明显的促进作用，应有助于学生身心全面发展和终身体育能力培养。

2.健美性

所选的内容应具有美育的价值，应能促进学生体型与姿态朝着健与美的方向发展，有利于学生审美能力培养。

3.趣味性

所选的动作应是学生感兴趣的，应有利于调动学生的学习积极性，并使学生对体操产生良好的情感与态度。

4.实用性

在体操练习中，有不少动作与我们平常的生活技能相联系，因此应注意选择一些生活化的、有助于提高学生基本生活能力的内容。

（二）学习内容的组织

体操学习内容的组织是指对所选的学习内容进行单元化的系统安排过程。对经过选择的体操器材，还必须运用技能整体性原则，将它们组成一个结构合理的内容体系。在构建内容体系时，应全面分析各项目、各动作之间的逻辑关系，使动作之间在纵向上和横向上紧密联系，相互影响，相互促进。具体地说，就是要考虑哪些项目先学，哪些项目同时学，在各项目中动作出现的顺序与时机等。体育课教学一般是以单元的形式来安排的，组织学习内容时还应考虑如何将素材组成单元，以及如何将各单元有序地安排到各学年和各学期中去。全面、系统地规划体操学习内容，要严格遵循技能形成规律和学生身心发展规律，达到促进运动技能掌握和学生身心全面发展的最佳效果。

在组织学习内容时，应注意做到如下三点：（1）学习内容的组织是对选定的体操素材进行全面规划和设计，因此教师应对这些素材进行深入分析，了解它们之间的内在联系，再用系统的方法将它们组合起来；（2）要根据不同水平段学生的身心特点组织体操学习内容、制定体操学习规划，并要考虑到不同水平段体操学习内容之间的衔接，还要注意学年、学期与单元之间的衔接；（3）体操素材的组织需要教师具有较高的业务水平，因此教师应当注意体操教学经验的积累，深入研究教学设计的理论与方法。

四、学生分析

体操教学设计的成功与否关键是看能否促进全体学生更好地学习，能否获得全面的发展。因此，要提高体操教学设计的质量，就必须重视对学生的分析。对学生的分析主要包括学生的一般特征分析、学生体操学习风格分析，以及学生初始能力与教学起点的确定。

（一）学生的一般特征分析

学生的一般特征是指对学生进行体操学习产生影响的生理、心理和社会特点，主要包括学生的年龄、性别、身体发育水平、运动素质基础、已有的体操知识技能、体操学习动机、个人对体操学习的期望、学生的人际关系、班级组织状况及协作精神等。对学生的一般特征进行分析，有利于教师根据不同教学对象的身心特点，选择适宜的体操学习内容和教学策略。

（二）学生体操学习风格分析

学习风格是指学生在学习中对不同刺激作出反应的所有心理特点。它包括学生对信息加工的方式、对学习环境和条件的需求，以及认知方式是依从型还是独立型、是沉思型还是冲动型等。由于学生之间存在生理和心理的个体差异，所以学生们在体操学习中会表现出不同的学习风格。例如，有的学生掌握动作较快，一学就会，而有的学生则掌握动作较慢，但能刻苦学习；有的学生在练习时大胆、果断，而有的学生则胆小、犹豫；有的学生在课堂上易冲动、好表现，而有的则沉稳而不张扬。因此，在教学中，教师要真正做到因材施教、培养学生的个性，就必须了解和分析每名学生的学习风格，针对不同的学习风格制订不同的学习计划。

（三）学生初始能力与教学起点的确定

分析学生学习的初始能力，是为了确定一个相对明确的体操教学的出发点，主要包括三个方面：

1.了解学生的体操专项素质

学生的体操专项素质包括学生力量、柔韧、平衡、协调和灵敏等方面的素质状况，了解这些情况，对于制定具体的发展目标十分重要。

2.分析预备技能

分析预备技能是指了解学生的体操知识和技能的掌握情况，以分析学生学习体操的起点。

3.分析学生学习体操的态度

分析学生学习体操的态度是指通过观察、调查和面谈等方法，了解学生对所学的体操内容的认识水平与态度。这对体操教学内容的选择和教学策略的确定等，都会产生重要的影响。

五、教学策略制定

在解决了"为什么要学""学什么""从何处开始学和学习目标是什么"等问题后，就要解决"怎么学"的问题，即要制定合理的教学策略。体操教学策略是为完成体操教学目标而对教学活动的程序、方法、形式和媒体因素进行的整体考虑。

（一）优化教学程序

教学设计的目的就是科学地安排学习过程，优化教学活动的程序。不同的教学模式都有其独特的教学程序（或称教学过程结构）。教学模式是多元的、动态的，它将随教学改革的发展而发展。在体操教学过程中，应根据不同的教学目标、教学阶段、教学对象和教学条件等，选择合适的教学模式，以优化教学程序，提高教学质量。同时，还应提倡发挥创新精神，创造性地优化教学活动程序。

1.传授体操技能的教学程序

传授体操技能的教学程序是一种常见的以传授体操技能为主的教学程序。它的过程结构是"教师提出教学任务—教师讲解示范—教师组织指导练习—教师总结学习结果"。这种程序一般在较复杂的体操动作教学中运用，它的优点是有利于体操技能的传授，缺点是不利于学生主体性的发挥和创造性的培养。

2.提高学生自学、自练能力的教学程序

受现代教学思想的影响，体操教学出现了一种以提高学生自学、自练能力为主的教学模式，如自学辅导模式。这种教学模式的教学过程结构是"教师讲解并提出若干任务—教师帮助学生选择学习方案—学生选择、设计学习方案—学生自己练习、教师辅导—教师协助学生进行自我评价"。这种教学程序可在基本体操或较简单动作学习中运用，其优点是能培养学生自主学习的精神和自学能力，缺点是它的适用范围有限。

3.主动性教学模式的教学程序

主动性教学模式的教学程序力图打破传统的"教师说，学生练"的被动式体操教学模式，希望通过对教学活动结构的调整，发挥学生在教学中的主动性，促使学生积极思维，使学生通过学习既能掌握体操技术，又懂得技术的基本原理，并由此促进他们情感体验的深化。这种教学过程的结构是"启发动机—提出问题—学生思考—学生实践与讨论归纳总结"。这种教学程序对教师的教学艺术和学生的知识基础与思维能力要求较高，如设计不当，会影响教学进度。

4.情景教学模式的教学程序

情景教学模式是指在体操教学中通过设置相关的故事情节、场地器材和情感氛围，提高学生的练习兴趣，发展学生教学能力的一种教学模式。它的过程结构一般是"设置情景—引起运动兴趣—体验情节—获得运动乐趣—还原"。这种教学程序一般在低年龄段的学生中运用，或者在各种实用性体操中运用。

（二）优选教学方法

任何教学活动要实现其教学目标，都必须借助于各种教学方法。现代体育教学方法丰富多彩，但不存在某种万能的教学方法，教法多样，贵在精选。因此，在体操教学中，应根据教学实际优选教学方法，在选择教学方法时，应注意做到以下四个方面：

1.要有利于体操教学目标的实现

选择和运用教学方法的最终目的是更好地实现教学目标，因此在选择时，首先应该考虑的是该教学方法对完成教学目标能起多大的作用。

2.要针对教材与学生的特点

在选择教学方法时，应当先深入分析教材的特点与价值，再考虑使用合适的教学方法使其价值得以实现。例如，支撑跳跃练习具有培养学生意志品质的价值，为了使这一价值得以实现，教师就应当采取各种适宜的练习方法，帮助学生树立信心，克服心理障碍，培养学生勇敢、顽强、果断的意志品质。对于教学方法的选择，还应当考虑学生的身心特点，对待不同年龄、性别和性格特征的学生群体，要采取不同的方法，游戏法对于低年龄的学生较为适合，但如果对高中生过于频繁使用此法，未必能奏效。

3.要重视学生的学法

体操教学是互动的双边活动，因此在选择教学方法时，不仅要考虑教师的教法，而且要考虑学生的学法。例如，教师在做示范动作时，不仅要考虑动作是否优美、到位，而且要考虑如何引导学生观察动作、了解动作过程和关键技术，而不仅仅是学生看热闹。教师在教学过程中要摆脱以教为中心的教学习惯，给学生一定的学习自由，充分发挥学生学习的主动性和创造性。

4.合理组织教学方法

在体操教学过程中，要完成教学任务，往往需要多种方法的配合使用。例如，完整法与分解法在具体使用过程中总是你中有我、我中有你，关键是如何实现两者的有机结合，如何根据具体情况安排谁先、谁后，以及各自所占的练习分量等。实际上，单一地使用一种教学方法的情况在体操教学中是不存在的。在进行教学设计时，教师应当根据教学的实际需要，将各种方法合理地组织起来，让优化组合的方法体系发挥出整体功能，以取得最佳的教学效果。例如，教师可以在比较单调的队列练习中穿插分组操练比赛，用比赛法增强学生的练习兴趣。又如，为了提高前滚翻动作的熟练性，锻炼学生的前庭器官，教师可以变换前滚翻的练习形式，像单腿前滚翻、手拉手做前滚翻、不用手做前滚翻，以及前滚翻接挺身跳等，不断变换练习形式可使学生产生新鲜感、增强练习兴趣。

在体操教学中选用教学方法，还要考虑场地、器材和教学设备等实际情况，如果缺乏必要的条件，即使教学方法再好也难以实施；还应根据教师自身的知识结构、教学经验和驾驭教法的能力，实事求是地选择合适的教学方法。

六、教学设计成果评价

在教学设计初步完成以后，还要对设计成果进行评价，并依据评价结果进行修改，促使设计不断完善。对教学成果的评价，一般包括形成性评价和终结性评价两种，在教学实践中可多采用形成性评价。经过精心研制的体操教学设计方案，应当在试行的过程中，有目的、有计划地通过调查、访问和测试等手段，搜集试行的有关信息，并对试行结果进行评价分析，发现存在的问题，找出解决的办法，以使设计方案更加完善。

第二章 快乐体操教学理论与实践

第一节 快乐体操教学目标与原则

一、快乐体操的教学目标

快乐体操教学目标的制定，应严格遵循学生的身心发展规律，对学生的身体、心理、情感和认知的全面发展起到一定作用。国外已有研究表明，在不同的年龄阶段，需要有针对性地安排体操练习内容，才能达到有效促进个体身心发展的效果。其中，孩童时期是关键阶段，除了要向学生教授基本的运动技能外，学生的认知情感培养、性格品质塑造更为重要，而快乐体操的教学目标也正是这种思想的体现。

目标一：培养锻炼习惯，体验体操乐趣。在孩童时期，良好的锻炼习惯需要外界的积极引导。快乐体操教学目标之一便是通过变换游戏的方式，让学生在玩耍中得到锻炼，激发运动兴趣，让快乐体操融入生活，成为日常生活中的一部分，在潜移默化中培养学生良好的锻炼习惯。

目标二：增强体质健康，提高运动能力。快乐体操也是提升学生体质健康水平、提高运动能力的有效途径。它通过新颖、灵活的形式，对学生的体质健康进行有效干预，以达到增强体质的效果，并在此基础上，让学生掌握一定的动作技能，提高其运动能力。具体包括塑造挺拔的身形，增强学生的力量，提高灵敏度和协调力。

目标三：养成规则意识，培养优秀品质。快乐体操强调团队协作，在轻松的氛围中培养学生的集体意识，促其遵守规范。同时，逐渐培养学生的积极进取、自信自立和勇敢坚韧品质。

二、快乐体操的教学原则

（一）坚持兴趣性原则

兴趣是最好的教师。在快乐体操运动技能的学习过程中，应根据场地、器材设计和多种形式的教学组织，培养学生的兴趣。学生逐渐产生运动兴趣后，便对该项运动乐此不疲，这与快乐体操教学理念相契合，回归体育的本位目标，即追求运动的乐趣。运动乐趣的培养和运动技能的掌握是相辅相成的，如果没能掌握运动技能，就不可能体验到运动的乐趣，而没有乐趣，也就不能更深入地掌握运动技能。

（二）坚持主体性原则

主体性原则是教学规律的反映。在教学过程中，学生始终是学习的主体。教与学的活动始终围绕学生的需要和特点展开。快乐体操教学注重在活动中培养学生的参与能力和创新意识。在课堂教学实践中，教师要大胆放手，培养学生动手、动脑和动口的习惯，在教师的辅助和引导下，积极、主动参与教学活动，发挥学生的主体性和创造性，促进学生个性的充分发展。

（三）坚持全面性原则

全面性原则主要体现在教学内容的丰富性和组织方法的多样性两个方面。教师应根据学生的身心发育特点，采取多样化的教学形式，避免出现单调、乏味的教学。根据学生的身体素质和技能水平特征，来丰富教学内容，拓展知识结构，为学生的发展提供全面的指导，从而促进学生综合能力的提高。

第二节　快乐体操教学内容与形式

一、快乐体操教学内容及其设计

（一）快乐体操教学的内容

快乐体操动作是身体运动的外部表现，包括身体在运动时的方向、路线、速度和身体姿势的变化等，内容丰富多彩，归纳起来，就是徒手、手持器械所进行的以健身为目的，具有操的特点、舞的形式，以音乐为载体进行的不同类型、不同难度，又具有形体美的身体练习。

快乐体操动作教学是根据不同的动作内容，教师传授、学生学习并完成动作的方法，包括身体在运动时的用力大小、时机和节奏，身体各部位的配合等。快乐体操动作分为基础动作、基本动作、单个动作、组合动作、成套动作、徒手动作和持器械动作等，每一种动作均在形态、机能和身体素质的基础上，通过千变万化的形式得以表现出来，达到增强体质、陶冶情操的目的。

1.基础动作教学

基础动作教学是指学习快乐体操最简单的入门动作，包括形态类的站、立、坐、走、跑、跳、开合、屈伸、直腿、并腿和举腿各种风格的初级动作；机能类的有屈伸、收展和回旋协调配合的各种形式入门动作；素质类的有力量、柔韧、灵活和平衡各种方式的简单动作。它们是学习快乐体操的基础，可为学习基本动作打下良好的基础。

2.基本动作教学

基本动作教学是指在快乐体操动作学习中具有进一步变化和加难的根本性动作。快乐体操的基本动作是上肢、下肢、躯干各部位的不同类型动作，如形态类的手位、脚位、擦、踢、蹲、跳和转等基本动作；机能类的各种上肢在前、上、侧方位变化的举、振、绕等基本动作。掌握基本动作，一方面，可以变化不同方向、不同节奏、不同路线、不同难度、不同配合，学习更复杂、更有趣、更新颖、更完善的操舞动作，提高学习深度，拓展学习广度，打开视野，提高学习兴趣；另一方面，可以使快乐体操动作具有连续性和发展性。

3.单个动作教学

单个动作是指从某一静止姿势或某一动态点开始，通过身体姿态的变换运动，结合合理的用力方法，准确达到某一结束部位独立完成的一个动作，即单一动作的反复练习。它是快乐体操教学的基础，只有较好地掌握了单个动作，才能组成组合动作或成套动作。由于快乐体操动作以促进身心健康为目的，讲求科学健身，追求动作动态、动律、动力和节奏优雅、情感融洽，即动作相对稳定，练习符合规律，力度刚柔结合，时间分配合理，情感体验舒畅。因此，单个动作教学内容丰富，难易差距较大。确定单个动作教学难易的因素很多，主要有以下五个方面：

第一，技术性因素。（1）由于形态、机能、身体素质和技术要求不同，快乐体操单个动作的难易程度完全不同，如形态类的抗阻练习（塑形）、机能类的有氧运动、素质类的柔韧练习等；（2）由于动作形式的要求不同，快乐体操单个动作的难易程度也不同，如静态动作较动态动作容易等；（3）由于动作从开始到结束的重心与幅度不同，其难易程度也不同，如走、跑、跳的变化等。

第二，时间因素。（1）节奏的快慢决定动作的难易；（2）节奏的强弱决定动作的变化等。

第三，限制性因素。如不同类型、不同目的、不同风格等。

第四，人为因素。如教师的教学水平决定动作教学的难易、学生的接受能力影响动作教学的进度等。

第五，客观因素。如环境的嘈杂影响动作教学难易等。

单个动作是快乐体操动作教学内容的基本部分，既可以作为课的内容，又可以作为课的教材，在教学中，可以将许许多多的单个动作作为另一个单个动作学习的教学手段；单个动作通过连续不断的练习，可以发展某一身体素质的教学内容。总之，在教学中选用什么样的单个动作，要根据学习目的来确定。

4.组合动作教学

组合动作的基本元素是单个动作，组合动作指两个以上的单一动作连在一起，成为复合性动作的练习。单个动作是外部因素，情感是内部因素。组合动作是动作与情感相结合，通过外部动作的形态表达内心的情感，达到增强体质、陶冶情操的目的。通常，组合动作是几个单个动作组合起来连续完成的动作，它具有如下特点：（1）组合的单个动作数量是根据教学需要来决定的，将两个以上的单个动作根据教学需要连接而成，构成不同形式的组合动作；（2）组合动作的类别是根据教学的实际来决定的，如快乐体操教学中的课间操、表演操等常常是由不同类型的单个动作组合而成的，构成不同类型、不同风格、不同形式的组合动作；（3）组合动作的难易程度是根据学生能力决定的，当学生掌握不同类型、风格和形式的单个动作之后，可以在单个动作之前或之后连接另一个单个动作，使其产生新的变化。

总之，组合动作是快乐体操动作教学内容的重要部分，是巩固、提高动作质量的关键环节，是由单个动作发展到成套动作的过渡，是快乐体操动作教学不可缺少的内容。

5.成套动作教学

成套动作是对组合动作的发展、延伸、变化和发掘，按照教学目的（主题）进行高层次的美化，结合多种元素，如音乐元素、环境元素等进行有序的组合、排列，达到内容与形式的协调统一。例如，从音乐出发，通过对音乐的理解，展开想象并找到与主题相符的思路，选择、运用多种动作发展变化的方法，在各种不同类型组合动作的基础上扩充、展开，编排成较完整的一套由开始到结束的动作。成套动作是快乐体操动作教学考核的重要内容，一方面，是衡量学生成绩的标准；另一方面，是检查师生共同完成教学任务情况，为阶段性、连续性的后续学习提供有力参考。

（二）快乐体操教学内容的设计

快乐体操教学内容设计是指从事快乐体操项目的相关人员分析《全国快乐体操等级锻炼标准》，根据快乐体操设计的理论依据、原则和方法，合理选择快乐体操教学内容，合理安排快乐体操教学内容的呈现过程。

1.快乐体操教学内容设计应遵循教育学理论

教育是一个过程，包括教与学两个互动环节。在教的主体中，教师要有自己的教学方法、手段和评价等，这些都属于教这一环节。快乐体操的教学内容属于教的一部分，是教师这一主体所涉及的板块，因此在教学内容设计时，要遵循教育学有关教学内容设计的基本要求和原则。教育学理论作为快乐体操教学的理论依据是很有必要的，在内容设计时必须遵循教学规律，以此促进快乐体操教学目标的实现。

2.快乐体操项目发展目标

快乐体操项目发展目标是培养体操人才，普及体操运动。快乐体操作为一项新兴的运动项目，要得到家长的认可和学生的喜欢，最关键的是教学内容，只有通过科学的教学内容设计，让快乐体操真正具有提升学生身心素质的价值，才能得到家长的认可，要让快乐体操教学内容具有新鲜感和趣味性，以吸引学生主动、积极参与，不仅能培养学生参加体操练习的兴趣，又能从中发现更多具有从事专业训练潜力的学生，扩大竞技体操后备人才的选拔范围，从而增加竞技体操从业人数，将快乐体操推进社会和市场，并保持良好的市场竞争力。

3.快乐体操等级锻炼标准

对于快乐体操教学内容的设计，要依照国家体操中心颁布的《全国快乐体操等级锻炼标准》，根据各年龄段学生的能力特点编排教学内容，为促进我国青少年身心健康发展服务，为培养其基本运动技能服务。因此，快乐体操教学内容的设计不能违背《全国快乐体操等级锻炼标准》。

4.快乐体操教学内容设计的基本原则

快乐体操教学内容设计的原则，按其重要性，可按照安全性、科学性、个体差异性、趣味性、发展性、社会适应性和保留体操本质的递减顺序排序，安全性对于快乐体操的教学内容而言是重中之重，安全、有效健身是快乐体操最重要的目的。下面简要介绍其中的几个原则：

科学性原则。教学内容的设计要具有科学性，科学性是指要合理地选择教学内容的目标，对具体内容进行裁减和加工，并进行合理编排，以实现教学内容的优化。科学性主要表现在两个方面，即科研成果的体现和科学的再创造。一般来讲，快乐体操教学对象所处的生长阶段是人体生长发育的高峰，在设计教学内容时，要使学生的关节和肌肉都得到充分锻炼，避免造成学生肌肉和骨骼发育不良。教学内容设计要符合教学内容本身的内在联系，由易到难、循序渐进，并不断更新和丰富教学内容，做到与时俱进；要做到全面与重点相结合，既要为学生提供丰富多彩的教学内容，又要考虑学生的个体需要，既力求精练，又突出重点。

个体差异性原则。在生理机能方面，个体间的生长发育存在差异性，其成长环境不同也会造成个体差异，使其心理年龄和生理年龄表现不一致。此外，不同个体对同一动作的理解能力也会不同，对掌握同一难度动作所需的练习时间也不同。因此，在进行教学分组时，教师要尊重学生的个性、重视学生的主体选择和个性表达，依据其认知能力、体能和技能水平因材施教，而不能仅仅依据学生的年龄这一个因素来进行分组教学。教师应该广泛了解学生的兴趣，并以此为基础，针对不同个体的特点，来选择和安排不同的教学内容。在分析教学内容的过程中，教师要巧妙地设计符合学生特点的教学内容，对不同的学生要有不同的设计。

趣味性原则。趣味性原则是指在教学中教师设计的教学内容要让学生感到欢乐并充满兴趣。现代学习理论认为，影响学生学习的因素不仅是智力因素，还包括兴趣、情感和态度等，情绪高涨的学习比情绪低落的学习效率高。因此，在教学中，要采取生动活泼的教学形式，使学生集中注意力，加深学生对学习内容的了解；快乐体操教学要向快乐体育转变，教学内容的趣味性能吸引学生，激发学生主动学习的兴趣。在教学中，要多加入游戏和场景模拟，让学生在潜移默化中学到教师教授的内容。

社会适应性原则。社会适应性指人与社会的关系，包括人与人之间的沟通、人对社会的适应等多方面内容。培养学生多方面的适应社会能力，有利于增强学生适应未来发展的能力，把学生培养成为社会适应性良好的、有一定技能的、有幸福感的公民。现在，也把社会适应能力培养作为新健康教育的一部分。

5.快乐体操教学内容设计的方法

第一，确定教学目标。在快乐体操教学内容设计的过程中，教师先要确定教学的主要内容是什么，其教学内容的体能目标、技能目标和情感目标分别是什么。确定教学目标是整个教学内容设计的重要环节，一旦目标确定下来，其他教学内容设计环节都要围绕它来进行。

第二，选取练习内容，即选取体操训练达标过程中所需的适合教学对象的练习内容。在教学中，查找哪些辅助练习是适合的，选择正确的内容进行分解练习，循序渐进地达到最终目标。例如，要学会蹦床团身跳，就要先练习自身动作和垫上的团身跳，可躺在地面上，进行快速收腿、翻臀、手臂主动抱腿的辅助练习；在弹跳练习方面，可以进行地面上的并腿垂直跳和原地团身跳等弹跳练习，还可进行蹦床上的"网感"练习和垂直跳等。这些都是为了达到教学目标而选取的练习内容。

第三，合理编排练习内容。对选择的具体内容的练习顺序、强度和间歇等进行合理设置与编排。对选取的辅助练习的步骤、练习时间长短、练习数量等进行合理安排，即按照由易到难、先分解再连贯的方式安排，最后达到教学目标的要求。

二、快乐体操教学的特点分析

（一）快乐体操教学的总体特点

第一，参与具有自主性。快乐体操教学是在教学中配合体操类动作教学而进行的，形式多种多样，内容丰富多彩，教师可根据自己的兴趣、爱好、特长及实际需要，自愿组织、选择和进行课堂教学活动。这样，不仅能发挥教师的积极性和主动性，而且能使教师的才能和个性得到充分发展，也有利于培养学生积极参加体育活动的品质。

第二，形式具有灵活性。快乐体操教学是根据学校的实际情况和不同年龄阶段学生的身心发展状况来确定的，其教学形式、内容、规模、时间和地点等都可以灵活掌握，没有固定模式，形式宜生动活泼、灵活多样。

第三，内容具有伸缩性。进行快乐体操教学，可以根据本地区或本学校的实际情况，或者根据学生的愿望，结合教学大纲和教学计划，开展内容丰富多彩的活动，并将学习内容由校内向校外延伸，教学内容可难可易、可多可少，还可以不断变动，具有很强的伸缩性。

第四，价值具有实践性。在快乐体操教学中，学生不仅可以获得知识，培养良好品德，提高审美能力，还可以通过亲身体验、亲自参与，来获得、加深、巩固和扩大课堂所学知识的效果。快乐体操教学能达到丰富和活跃学生的精神生活，使学生在愉快的学习中增强体质，在实践活动中增强合作交流，促进学生各方面能力的发展的目的。这在学生的身心发展中有着重要的意义和作用。

（二）快乐体操动作教学的特点

由于快乐体操动作教学是一种人为方式，是按照体操的特点，针对人体形态、机能和身体素质而设计的增强体质、陶冶情操的身体练习，因此在动作教学中有以下特点：

1.目标明确

"健康第一"是教育工作落实科学发展观的重要体现，是以人为本、促进人的全面发展的内在要求。快乐体操动作内容丰富，教学形式多样，无论是何种类型的动作变化，还是何种教学方式，都是围绕体育之效在于强筋骨、增知识、调情感、强意志这个目标而进行的动作教学。

2.体艺结合

快乐体操动作教学在于突出体操的特点，体现动作的对称性，以使学生在学习动作过程中身体得到全面发展；体现动作的重复性，以使动作从量变到质变；体现动作的连续性，以使学生学习动作更加连贯、流畅。快乐体操动作教学还突出体操艺术性强的特点，体现动作的艺术性，以使学生无论是在举手投足间，还是在学习形态、机能和身体素质发展方面，无论是做简单动作，还是做较为复杂的动作变化和组合动作，都能得到视觉和听觉的艺术熏陶，进而激发学生的学习兴趣，提高其审美能力。

3.教学相长

教学相长是快乐体操动作教学的特点之一，无论是何种形式的教学，都离不开传统教学的基本规律，即教师的教与学生的学相结合、相统一，教师的教是外化过程，学生的学是内化过程，教与学相互依存、相辅相成。快乐体操动作教学主要是教师对学生学习兴趣的外化引导，教师凭借丰富的教学经验，指导学生进行动作学习；凭借自身的教育学、心理学和社会学知识，激发学生参与快乐体操动作学习的兴趣。与此同时，学生凭着对新生事物强烈的敏锐感，凭着对新动作快速的接受能力，凭着对新的动作表现形式、新的动作表现风格和新的动作表演内容等新事物的喜爱，促使教师不断更新知识，把动作教学的重点放在培养学生的主体性上，让学生能够充分展示个性，并在动作学习、交流的过程中逐步形成自我主体意识，充分享受快乐体操动作带来的乐趣。

三、快乐体操教学的组织形式

快乐体操教学的组织形式，即在教师指导或引导下形成的快乐体操教学内容的组织框架。可分为教学形式组织和教学动作组织两个层面。

（一）快乐体操的教学形式组织

快乐体操教学组织形式特点体现在充分给予学生想象的机会。快乐体操学习的过程伴随着学生心灵的成长，教学形式组织是学生观察体操、感悟体操、描绘体操和表演体操的关键环节。

快乐体操组织形式与教学动作组织形式都是实现教育目的的重要途径，但由于教学在内容、形式、活动方式上又不同于动作教学，因此快乐体操的组织形式有以下两种：

（1）引导式。通常是以教师或学校有组织地引导学生进行快乐体操教学为基本形式，在此形式上根据学生或学校的具体情况，以灵活多变的方式，在教学任务、教学内容、教学方法、练习数量和时间等方面提出要求，对学生进行行之有效的快乐体操教学。

（2）灵活式。快乐体操教学可根据学校的实际情况和学生的身心发展状况而定。由于快乐体操内容丰富多彩，教学的组织形式可根据实际需要自行决定，活动规模的大与小、活动时间的长与短、活动内容的多与少都可灵活掌握，没有固定模式，具有很强的灵活性。

（二）快乐体操教学动作组织

1.学习动作

快乐体操教学动作的组织形式通常采用教师按照教学计划，向学生形象、直观、清楚、扼要地传授新内容的形式进行。此时，一方面，教师特别注意动作要领的讲解，运用身体或多媒体进行教学展示，让学生对于完成该动作的运动轨迹、用力方法和神态配合等因素更清晰、明了；另一方面，教师会及时纠正学生学习动作中出现的错误，强化正确动作技术概念，以使学生尽快建立动作的感性认识，进而掌握基本动作。

2.复习动作

复习动作是指学生对学过的动作进行巩固性的反复练习，既包括上一次课的学习动作重复，又包括对以前所学的动作进行组合变化练习。其目的在于增强学生对动作的敏感性，促使学生对于动作掌握得更加牢固、动作质量得到提高。

3.观摩动作

观摩动作是快乐体操动作教学中常用的组织形式，是推动动作教学的有效方式。教师会利用一切机会给学生提供展示的平台，让学生间相互学习、观摩交流，这对于学生尽快掌握动作会起到重要的作用。

4.考查动作

考查动作是对快乐体操动作教师教学和学生学习情况的评判，它在快乐体操动作教学的组织形式中起着保障性的作用。教师需要通过此种组织形式了解学生对于动作的学习情况，以便及时调整教学进度；学生需要通过该形式巩固、完善和提高动作质量，以便掌握动作技术、增强信心。

第三节　快乐体操教学方法与注意事项

一、快乐体操教学方法

（一）快乐体操教学的常用方法

快乐体操教学方法多种多样，在不同内容、类型、节奏、风格和运动强度下，都会产生不同的教学方法，但从快乐体操的角度，可以归纳为以下几种常用方法：

1.捕捉法

捕捉法是一种鼓励学生在快乐体操学习的过程中善于观察的方法。一方面，当学生养成观察事物的习惯后，他们就会成为学习体操动作的有心人，就会积极、主动地进行动作学习，并不断调整动作使之更规范；另一方面，体操以课内教学为重点，以课外锻炼为知识巩固和拓展为补充。体操教学，如果单纯依赖教师在课堂上的教，就容易把学生禁锢在一个狭窄的天地里，不利于学生身心的全面发展，最好的方法是由课内向课外延伸，捕捉与之相关的信息，利用课外时间进行巩固与拓展训练。

2.重组法

重组法是指学生将教师传授的快乐体操动作，按照自己的兴趣爱好，有选择地进行积极练习，并在反复练习过程中将各种喜爱的动作进行重组，形成符合学生个性特征的动作组合。

3.演示法

演示法是指学生在有组织或无组织的情况下，将已经掌握的动作在课外、校外以表演的方式进行展示，以求家长、教师、同学的肯定和赞赏的方法。

（二）快乐体操动作的教学方法

快乐体操动作教学常常在常规教学方法的基础上，采用一些适合学生自主探究的学习方法，来培养学生对快乐体操教学内容的兴趣爱好，其教学方法有以下几种：

1.设问法

"你会体操吗？""你知道现在流行的快乐体操吗？""你会跳哪种快乐体操？""看看这属于哪种风格的快乐体操？""知道快乐体操的健身原理吗？"这些问题常用于体操动作教学的开始部分，通过设问，既可以激发学生的学习兴趣，又可以引出本课动作教学知识点，提出动作教学要求。教师在进行动作教学前，要向学生介绍动作的特点，既能做到教学前的铺垫，又拓展了学生的知识面。

2.观察法

在快乐体操动作教学的过程中，该方法常用于动作学习的中间部分。由于学生与学生的接受能力是不同的，让学生观摩学习，思考别人为什么跳得好、动作用力如何、动作的运动轨迹怎样等，观察自己的学习对象，用心去感受动作的结构、顺序、方向和路线，找到自身的不足，能够培养学生的判断能力和评价能力，并促使学生最终掌握正确的动作方法，逐步养成学生善思勤学的好习惯。

3.引导法

引导法是动作学习的完善阶段常用的方法之一。教师要引导学生思考动作与动作的关系，如手臂完成动作与下肢动作的配合有什么关系、动作间是否对称完成、同类动作重复几个八拍、学习动作的顺序是什么等，帮助学生加深对动作技术的了解，进而通过练习做到自身动作的巩固与协调。

4.激励法

激励法是快乐体操动作教学的十分重要的方法之一，常用于动作学习的巩固阶段。例如，将学生分成若干小组，采用淘汰的方式，要求学生各自寻找对手进行比赛，并分析、研究对手的动作特点和完成情况，让学生在体操动作技术学习、与同学互教互学中巩固自身的体操技能，加强团队的协作精神。

5.自鉴法

自鉴法用于学生对体操动作学习情况的评价与分析，这可以培养学生的观察、分析和交流能力。在快乐体操动作教学中，教师常常让学生们互评，并归纳、总结学习快乐体操动作的知识点、重点、难点，以及解决问题的方法，通过师生互评和生生互评，使学生在学习、掌握动作的同时，不断提高综合能力。

二、快乐体操教学的注意事项

（一）快乐体操教学组织的注意事项

一是形式安全。在快乐体操教学中，安全是第一位的。从某种意义上讲，学生是弱势群体，在校期间无论哪种安全问题，正常的体育活动都会受到影响。因此，在这种情况下，选择安全的教学形式十分重要，例如，要选择平整的场地，教学动作的强度、密度和难度要适中，局部运动量不得过大，教学前的准备活动要充分，避免长时间在阳光直射下教学，避免学生空腹运动等。要使学生在安全的前提下，通过快乐体操学习，增强学生身体的运动协调能力，从而使身体形态、机能和素质得到提高，以达到增强体质的目的。

二是内容有趣。兴趣是最好的教师，快乐体操内容丰富、形式多样，学生可以根据自己的爱好来选择不同的内容进行学习，也可以根据自己的喜好将已学的知识进行创编，形成新的有个性的操舞，这样学生既能学到体操知识，又能做到身心愉悦。需要注意的是，在选择内容时，要避免一味追求好玩而忽视了快乐体操本身的教学价值。

三是演练结合。给学生提供展示的平台，是快乐体操的重要内容之一。学生将自身的练习成果，通过校内校外的各种活动进行表演展示，如在运动会开幕式上表演、在篮球比赛前或中场休息时表演、在各种节日庆祝活动上表演、走进社区进行表演等，都将大大提高学生对快乐体操学习的信心，并能产生以点带面的辐射效应，使更多的学生参与到快乐体操学习之中。

（二）快乐体操动作教学的注意事项

第一，认识+实践。快乐体操教学以目标明确、体艺结合和教学相长为特点，一方面，学生可以在反复的实践中巩固动作技术；另一方面，学生在动作学习中可以认识快乐体操身体运动的规律，拓展健身知识。这就要求教师在快乐体操动作教学中，善于将与动作教学相关的知识（美学、运动生理学、运动解剖学及心理学等知识）渗透到教学实践中，通过认识—实践—再认识的过程，使学生获得知识、提高认识。

第二，课堂+舞台。目标明确、学以致用是检验快乐体操动作教学成果的重要手段。在动作教学过程中，教师应经常组织学生进行观摩学习，为他们营造较多的舞台环境，让其充分展示学到的技能。一方面，这对于学生间观察动作、分析动作、纠正动作和巩固动作能起到促进作用；另一方面，这有利于教师了解学生对于动作的掌握情况，还可以培养学生的学习兴趣。

第三，共性+个性。在快乐体操动作教学中，应按照快乐体操的共性特征，根据不同年龄阶段的学生特点，选择不同的教学内容、教学形式和教学方法，并做到因材施教，突出该阶段学生的生理特点和心理特点，使动作教学更加具有针对性和目的性。

第四节　快乐体操课程设计与创编

一、快乐体操课程的设计

（一）快乐体操课的创造性思维

提升兴趣对学生创造性思维的发展有启动和导向功能，因此在教学中，教师应利用一切可能的条件激发学生的创造兴趣。丰富的想象是创造的源泉，想象是指在原有感性形象的基础上创造出新形象的心理过程，它分为再造想象和创造想象两种，其中，创造想象对培养学生的创造性思维、进行创造性劳动和掌握知识是非常重要的。

如何才能启发学生的创造性想象呢？这就需要精心设计和教师的鼓励与引导，学生的创造力才能被激发出来，进而锻炼学生的创造性思维。当然，在体操教学中培养学生的创造性思维能力不能一蹴而就，它需要教师在教学过程中不断进行启发和引导，促进学生创造性思维的发展。

1.重视培养学生的观察力

学生在认识和了解世界的过程中，有着天生的、强烈的探究事物本原的本能和需要，而这种本能和需要是体育教学中学生创造性思维培养的重要基础之一。学生只有在观察的基础上，才能获得感性的认识和经验，才能不断丰富想象。因此，在体操课程的设计中，教师要引导学生不断观察、积极思考、大胆想象。

2.重视保护学生的好奇心和求知欲

好奇心和求知欲是科学发明的巨大动力，若没有好奇心和求知欲，就不可能产生对社会和人类具有巨大价值的发明和创造。学生由于知识面有限，很容易对事物表现出强烈的好奇心，并会以自己的方式去探索和发现事物。体育教学的课堂犹如学生的小社会、小天地，能较为充分地满足学生的求知、求新欲望，所以在体操课程教学中，教师要充分保护学生的好奇心和求知欲，鼓励学生大胆想象和善于想象的能力，将学生的好奇心转化为求知欲，引起学生的学习兴趣，这是创造力发展的基础。

3.重视发展学生的想象力

一切创新活动都是从创新性的想象开始的。学生时期是人的想象力表现较活跃的时期，学生的想象力是学生探索活动和创新活动的基础。创造想象是一切创造活动不可缺少的重要部分，也是创造者必须具备的心理素质，因而想象正是"创造之母"。体操课能为学生提供储备丰富的表象，而表象丰富的学生思维灵活、敏捷。如何抓住这一特点，引导学生比较表象之间的不同点，有利于提高学生的形象思维能力，从而提高学生的创造性思维能力。

4.采用现代化教学手段

创新是人类社会生生不息、永远向前的动力。知识经济时代的学校教育应该以发展人的创新思维、开发人的创新潜能为核心。创新是有层次的，学生的创新与科学家、艺术家的创新不可相提并论。

在体育教学中，学生创造性思维的激发和培养是建筑"创新大厦"的基础之一。通过体育教学，对学生施以积极的教育和影响，为使学生作为独立的个体学会并善于发现、认识有意义的新知识、新事物和新方法，掌握其中蕴含的基本规律并具备相应的能力，打下初步的基础。

（二）快乐体操课的设计原则

"三基"（基础知识、基本技能、基本方法）是体育与健康教学的重要目标，快乐体操课的设计要紧紧围绕该目标进行，改变过去以教师为中心教会学生运动技术的做法，从学生的角度提出要求，使学生由被动地接受知识，变为主动而又快乐地学习知识。

这样，就能从根本上把"三基"教学的方向由单纯的教技术，向培养学生学会学习、学会做事、学会做人的方向转变，这是快乐体操课程对"三基"丰富内涵的新注释。

1.贯穿一个"育"字

学校体育教育应树立"健康第一"的指导思想，体操教学也不例外，树立"健康第一"的指导思想与体育教学实践是相互促进、相辅相成的。那么，如何通过精心设计教学，寓"育体"于"育人"之中，促进学生全面、健康发展呢？这就要求教师在进行课程设计时，其教学方法、形式和作用都要与教育中心主题相吻合，并在教学的过程中及时用语言对学生进行提示和指导，在教授学生体操技能的同时，达到对学生进行思想品德教育的目的。

2.激起一个"趣"字

"趣"就是要激发学生的学习兴趣，学生只有对学习产生兴趣，才会积极、主动地学习。教师要努力培养学生的学习兴趣，让学生在生动有趣、丰富多彩、充满激情、富有活力的体育课教学中得到启发，受到鼓舞，有所收获。兴趣是调动学生学习积极性的重要条件。

（1）在课程开始部分，积极"诱导"学生的学习兴趣。在进行课程开始部分设计时，要考虑本次课的具体目标和教学内容，从教材的特点出发，与教材搭配，既要引起学生的兴趣，又要有实效性。例如，在进行队列队形设计时，可以通过组织有趣的队列队形小游戏导入新课，还可采用谜语等学生喜闻乐见的形式，设置悬念，明确目的，"诱导"学生进入学习环节。又如，在学习垫上前滚翻时，教师先别将动作名称告诉学生，而是在课程开始时让学生猜个小谜语："两手用力撑，两脚迅速蹬，团身如球滚，展体似雄鹰。"学生的兴趣一下子就调动起来了，还活跃了课堂气氛，有助于学生对所学知识的记忆。新颖地设计好课程的开始部分，对于激发学生的兴趣，引起学生认知冲突，使学生快速进入学习状态，提高教学质量，起到十分重要的作用。

（2）在课程的基本部分，"推进"学生的学习兴趣。教师在教学中，可根据教材的内容设拟情景，引发学生想象，激发学生学习的动机和兴趣，这样就能满足学生的愿望，即变"苦学"为"乐学"，变"要我学"为"我要学"，尤其是在进行队列练习时，教师可以通过新颖的教学设计，把单调、枯燥的练习变得好玩、有趣，促使学生乐于学习。

（3）在课程的结束部分，"延伸"学生的学习兴趣。许多教师往往不够重视课程的结束部分，一般就将其设计为教师小结等。而如果教师把体操课结束部分的放松练习设计好了，学生们在愉快的氛围中结束对本节课内容的学习，就将激发他们对下一节课的期盼和对新内容的学习兴趣。

在教学中，教师通过精心准备的课程设计，让学生们尽快进入"角色"，尽情地在"玩"中学习，逐渐从"玩"向主动学习过渡，使体操实践课达到"课开始，情趣生；课进行，情趣浓；课结束，情趣存"的教学效果，使学生在课堂中乐学、会学。

3.体现一个"活"字

"活"即要灵活运用教学方法，把内容教活，让学生学活。体育教学的最大特征就是实践性，活动是主体性生成的源泉。活动性原则是指教师在设计体育教学时，把活动性贯穿在整个教学过程中，使学生最大限度地处于主体激活状态，能积极地动手、动脚、动耳、动脑，使学习成为学生自主活动的主体。

（1）教学方法的"灵活"运用。体操课的教学方法多种多样，每一种教学方法都有其特点和适用范围，不存在任何情况下对任何学生都有效的教学方法，体操课教学方法的选择必须与其他要素，如教学任务、教材、教学手段和教学对象等相结合，进行综合考虑。此外，不同教师的教学风格不同，所选用的教学方法也会不同。因此，在设计体操教学时，教师要从实际出发，选择恰当的教学方法，并且随着教学改革的不断深入，不断改进教学方法，以适应时代的要求。例如，在进行奇妙队列队形练习时，教师应根据学生活泼好动、好学、好胜、好模仿的心理特点，指导学生运用听一听、看一看、想一想、议一议、说一说、唱一唱、演一演、赛一赛和乐一乐等学习方法，以此激发学生主动学习的积极性，提高学生自主合作的能力。

在教学中，教师要注意做到将多种教学方法进行有机结合，用较少的教学时间、合理的练习方法，使教学效果达到最好，实现教学方法的整体优化。无论采用哪种教学方法，都是要通过学生动脑、动口、动手、动眼和动身体，来完成快乐体操学习，并把学习当成一种乐趣，而不是一种负担。

（2）内容选择体现"教活"。新课程标准在教学内容选择上给教师们提供了较大的空间，这就要求教师从学生的兴趣爱好和体能等方面出发，选择适合不同能力水平学生的教学内容。也就是说，教师选择的教学内容要符合如下要求：①符合学生身心发展特点和性别特征；②运动形式活泼，能够激发学生的学习兴趣；③具有健身性、知识性、科学性和人文性；④对增强学生体能、增进身体健康有较强的实效性；⑤因地制宜，简便易行。

（3）学生学习时要"学活"。在教学中，教师一定要站在学生的角度来设计教学方案，考虑课堂结构，把学生真正当成学习的主人，充分调动学生的学习主动性和积极性，使学生积极、主动、有效地学习。在教学实践中，教师要善于用亲切的眼神、细微的动作、和蔼的态度、热情的话语来缩短师生心灵间的差距，使学生获得精神上的满足，产生与教师合作的欲望。

教师精心设计课堂教学内容和教学方式，就是要激发学生的兴趣，激活和加速学生的认知活动。通过教学实践，我们深深地体会到，教学只有根据学生的年龄特点和认知发展水平，努力改变教学内容的呈现方式和学生的学习方式，才能把适合教师讲解的内容变成使学生感兴趣的内容。在课堂上，教师要尽可能地给学生多提供活动场地和表现的机会，让学生更多地体验成功的愉悦，使学生成为快乐体操学习的主人，真正让学生"动"起来，让课堂"活"起来，使学生从"学会"到"会学"，最后达到"好学"且"学好"的目的。

4.注重一个"实"字

"实"就是在教学中要讲求实效，不走过场，不摆花架子，就是说教学要"到位"，即努力做到教学内容充实、课堂训练扎实。

第一，教学内容充实，合理地确定教学内容。如果一节课的内容容量过大、知识点过多，学生一般是难以接受的，而一节课的信息量过小、知识点过少，则会浪费时间，不利于调动学生学习的积极性。

第二，课堂学练扎实，即体现边讲边练、讲练结合。要做到练有目的、练有重点、练有层次、形式多样、针对性强，并注意反馈及时、准确、高效。

5.满足一个"异"字

学生之间的差异是客观存在的，教师在教学思想上要尊重学生的个体差异，并向不同学生提出有差别的学习要求，在教学方法上要因材施教，使每个学生都学有所得，都能得到较好发展，而不是让每名学生都按同一个水平发展。同时，在课程设计中，还要考虑教学过程中可能发生的情况，并做好处置突发情况的准备。

（三）快乐体操课的设计方法

快乐体操课的设计形式是以让学生自发、自主地学习，并能充分体验运动的内在乐趣为目的的。它寓教于乐，给学生营造愉快的学习环境，引导、激发、培养和发展学生的学习兴趣，其表现为：第一，快乐体操强调以学生的乐学为教学基点；第二，快乐体操注重充分发挥学生的创造性；第三，快乐体操提倡建立与学生互教互学相联系的教学组织形式，教师从情感教学入手，以自己对学生、对教材、对教学的热爱来激发学生的兴趣；第四，快乐体操在教学中强调不同类别的体操所独具的乐趣，让学生在练习中充分体验快乐。为此，在快乐体操课的设计中，教师要运用多形式、多手段引导学生参与教学活动。

1.巧用生活中的事物，提高学生的理解力

教育即生活，最好的教育就是从生活中学习、从经验中学习。新课程标准倡导体育教学的内容应是学生熟悉的、喜欢的，并贴近学生生活、符合学生特点的。在快乐体操教学中，教师要善于观察学生的生活，深入了解这个年龄段学生的心理特点、生理特点和发展需求，能准确抓住学生感兴趣的方面，在讲解动作要领时，要巧妙地以学生感兴趣的人或事作比喻、举例子，从而加深学生对知识的理解。

在进行快乐体操课设计时，教师要根据学生的年龄特点和认知发展水平，改变教学内容的呈现方式和学生的学习方式，让学生积极参与到教学活动的全过程，让课堂"活"起来。

2.巧用赞赏方式，激励学生的自信心

新的体育教学评价的一个显著特点是：教师的微笑多了，能够与学生达成一种无形的默契，使得一节课的教学目标能够顺利实现。其实，每名学生在学习的过程中都有被赏识的渴望，教师用真诚的微笑、友善的目光、亲切的赞语、热情的鼓励来营造和谐、热烈的氛围，不仅能激起学生积极的情绪，激励学生的学习欲望，能更好地激发他们质疑与探索的精神。

对于学生来说，教师的鼓励是增强自信心最好的方式，所以教师要多运用激励性话语，适时、适度对学生的表现加以表扬。赞赏的语言要丰富，教师可以说"你的动作非常好，我很喜欢。""大家来看XXX的表演，他做得真棒！"但要避免简单地说"好""很好"，要尽量满足学生的心理需要。此外，在对学生进行评价方面，教师应避免主观臆断，而应采用多样性评价。

除了语言鼓励外，教师对学生微笑、点头、竖起大拇指等非言语性动作奖励，也会给学生带来莫大的鼓舞，如教师经常走到学生身边，并轻拍他的肩，对学生表示出一种无声的赏识和赞扬。在教学活动中，教师经常与学生进行眼神交流，告诉他们注意事项，对提高学生参与活动的积极性有一定的激励作用。

3.巧用竞技性游戏，增强学生的竞争意识

争强好胜是学生的天性之一，如何让学生从小就具有良好的、健康的竞争意识呢？在体操课的设计中，教师要充分利用学生不甘落后的心理，运用比赛、评比等形式进行教学，有趣的游戏、公平端正的裁判、新奇刺激的奖品、教师不失时机的赞扬就如兴奋剂一样，会使学生全身心地投入到学习和竞赛中，在无形中增强了学生的竞争意识，从而达到意想不到的教学效果。

4.巧设层次目标，满足学生不同层次的需求

在教学活动中，教师要考虑不同能力学生的需要，改变过去"一刀切"的做法，从学生的个体差异出发，对发展水平不同、能力不同的学生提出不同的要求。对于动作技术掌握较好的学生，要适当提高其学习难度；对于动作技术掌握较差的学生，则降低动作难度要求，让他们也能体验到成功的快乐。

例如，在素质体操练习中，教师要提出不同的运动量和运动难度要求，让学生自由选择。学生们根据自己的能力和水平选择适合自己的运动量进行练习，然后再根据自己的实际情况选择是否增加难度，而教师只起到引导、鼓励和保护学生的作用。而在设计器械体操的练习中，由于学生们的能力水平不同、性格存在差异，在课堂中的活跃状态也不同，教师应根据教学的任务和学生对技能的掌握情况，有计划、有步骤地设置多个水平的练习点，在每个练习点上安排不同形式的练习，在完成练习的基础上设计破层次纪录的比赛游戏，让学生依据自己的技术、技能，选择符合自己的练习，使学生始终处于积极、主动的练习之中。

5.巧用课堂特色，发扬学生的集体精神

德育是素质教育的一个重要部分，如何让德育融入课堂，推进素质教育，是每名教师都要认真思考的问题。在教学中，教师既是组织者和领导者，又是参与者，因此教师可以从改变教学的分组形式入手，把学生分成若干个学习小组，互学互助，促进学生学习主动性的提高，具体的分组形式有以下三种：

第一，自由组合的分组形式。目的是让兴趣一致、关系良好的学生组合在一起，营造一种愉快、和谐、团结互助的课堂氛围，增强小组的凝聚力。

第二，互帮互学的分组形式。根据学生身体的素质情况和对体操动作、体操技能的掌握程度调节各小组人员，使各小组都有动作技能掌握较好的学生和动作技能掌握稍差的学生，通过组员间的互帮互学来提高学习质量，以达到最终共同提高的目的。

第三，分层次教学的分组形式。根据学生身体素质和运动能力的不同，将学生分为不同层次的小组，对不同层次的学生提出相应的学习目标，实行因材施教。这样，有利于调动各层次学生学习的积极性和主动性，使每个层次的学生都能在各自的基础上学有所得、学有所成。

综上所述，一节体操课看似简单，却有着诸多影响因素，它从指导思想到教学目标、从教学内容到组织形式、从练习方法到教学环境等方面，都对教师提出了较高要求。因此，教师应加强各方面的学习，不断丰富自己的知识结构，从教材、教学条件、学生性格、生理、心理、家庭、社会和学校等多方面去考虑教学设计，认真对待每一节体操课。

二、快乐体操课程的编排

（一）快乐体操动作编排的特点与结构

1.快乐体操动作创编的特点

任何事物的诞生与发展都有外部的、内在的客观条件与规律，只有发现、总结、遵循这些条件与规律，才能使事物得以健康发展。快乐体操的创编者要想创编出优秀的动作，应当遵循学生的生理和心理发展特点，否则将背离教育的初衷。

第一，明确的目的性和鲜明的针对性。在创编快乐体操时，要先明确编排的目的，应根据学生的水平和条件、课程任务及所要解决的具体任务来选择内容，进行创编。在编排低年龄段学生的准备活动时，应选择基本的、简单的，以活动身体、培养基本姿态为目的的练习，如徒手体操、基本舞蹈步伐等；而高年龄段的学生已有了一定的体操基础，掌握的动作类型较多，因此可选择较复杂、协调性高的轻器械体操等。

第二，编排的趣味性。"趣"是人们力求认识某个事物或从事某一活动的特殊的倾向。兴趣能促使学生积极地钻研，主动地学习。因此，教师在编排体操动作时，不仅要根据实际情况选择动作，而且应该针对不同要求创造性地编排一些新颖的动作，尤其是在动作与动作的连接上，可编进一些颇有趣味的小巧动作，以使学生感到新鲜、有趣，从而提高学生学习的积极性。

第三，重复性和对称性。为了使学生身体各部位得到均衡发展，教师在进行动作编排时，应注意身体各部位与动作方向的对称，即左臂与右臂、左腿与右腿、腰的左侧与右侧、背部肌肉与腹部肌肉等。同时，也应根据学生自身的特点，每个动作可以多次重复出现，目的在于全面巩固和提高学生的动作技能，使身体各部位均衡、协调发展。

第四，全面发展身体原则。教师应当有意识地、科学地使用身体各关节做各种动作的形式开发，从而促进肌力的增加、关节灵活性的提高，以及通过改变运动位置、方向、节奏和路线等影响不同的肌群。通过运动路线、节奏、位置、方向与单一动作、复合性动作的变化，来培养学生的协调性，全面发展身体各个部位、各种身体素质和基本活动能力，认真、细致地"雕琢"学生身体的每一个部位。同时，把身体练习与内在气质培养结合起来，使学生通过体操特定动作的练习，产生正确的审美意识，既能使学生的形体得到良好发展，又能助其养成优雅的气质。

第五，有序性和规律性原则。有序是指活动部位的有序，以及动作与动作前后连接的规律有序，例如，按解剖的位置由上至下、由外向内，在动作上由局部、单一至综合与复杂。为了有利于学生接受与掌握动作技术，教师在创编中可以有意识地分解复合性动作，并使动作有序，例如，先编排脚部动作，再逐渐进行复合性动作的配合，使整套动作形成一定的规律，这样就可以使学生尽快掌握动作。规律是指整齐而有规则，是事物之间的、内在的必然联系，决定着事物发展的必然趋向。教师在进行动作创编时，必须遵循学习规律由易到难、由简到繁、逐步增加学习难度和要求的原则，在内容、方法和运动负荷的安排上做到合理遵循运动规律。这样，既可以提高学生的练习效果，又能防止伤害事故的出现。

第六，运动负荷的科学性。快乐体操作为一种有氧运动项目，首先要满足的是在进行体育锻炼时必须有充分的氧气供应，即在运动的过程中，人体吸入的氧气与需求相等，达到生理上的平衡状态。因此，快乐体操创编应严格遵循运动的生理解剖规律，运动负荷由小到大，运动强度由弱到强，当达到并保持一定的运动负荷后，再逐步减小运动量，使心率变化呈波浪式曲线上升与下降，从而使心血管系统、呼吸系统和内脏器官功能得到全面改善。

2.快乐体操动作创编的结构

快乐体操动作创编采用感知结构，注重人的视觉、听觉和触觉等要素提供的结构关系。任何事物都是由内容和形式所构成的，人们对事物的认识一般都要经过由表及里、由感性认识到理性认识的过程。如果没有对客观事物外在形式的观察和感受，就不可能有对其本质的了解和认识。如果没有内容，就没有形式，而如果没有形式，也就不会有内容。快乐体操也不例外，它的内容存在于形式之中。

（1）视觉感知。在体操运动中，通过视觉器官所感知的内容包括人体动作、线条及运动路线。任何动作都是由人的四肢、躯干和头部动作，以及各种人体线条的运动和变化所形成的。体操动作创编者通过对动作的特殊处理，让学生把自己的情感体验展示出来，而这种情感体验具有只可意会难以言传的特殊状态。例如，动作的内在节奏韵律、音乐的丰富情感、舞蹈的细致风格和特色等，只有在做动作的过程中，才能赋予充分的表现。并且，即使是同一个动作，如果给予不同的线条、节奏、力度和幅度的变化，也会体现出不同的情感特征。另外，锻炼者在动作完成过程中的路线变化，也属于人们的视觉感受。

（2）听觉感知。听觉感知是指物体振动所发出的声音，作用于人的听觉器官，而引起生理和心理的情感体验或特定生活形象的联想。成套动作编排的结构和情趣是根据听到的音乐撞击出来的，音乐自身的风格、旋律和结构已经给成套动作的编排起到导向作用。

（二）快乐体操动作创编的语言艺术

1.快乐体操动作创编的动作语言

由于快乐体操是视觉和听觉的综合艺术形式，动作是其最基本的元素，通过一系列动作所组成的动作语言的发展和变化，来诠释该作品的艺术性。

一是多方位、多方向、多角度动作语言。成套动作中的单个动作都是由不同的方向和路线串起来的。通过动作路线的左右变化、前后移动，方位的高低起伏，使动作语言在不变中形成发展。

二是幅度与力度动作语言。幅度与力度属于视觉的节奏。在动作的创编中，相同的动作通过节奏的发展变化，或是在力度上增强和减弱，或是在速度上加快和减慢，或是在幅度和能量上增大和缩小，都可以使动作具有语言的张弛性。

三是重复与间断动作语言。在动作形成的过程中，需强调动作语言的保持，并在保持统一的动作语言基础上运用类型、数量及动作间的连接方式进行变化。从单一的姿态开始，到一组动作的形成，通过多重性节奏变化加强印象。

2.快乐体操动作创编的音乐语言

音乐是用有组织的乐音来表达人们思想感情、反映现实生活的一种艺术，它的基本要素包括音的高低、音的长短、音的强弱和音色。这些基本要素相互结合，形成音乐的常用的形式要素，例如节奏、曲调、和声、力度、速度、调式、曲式和织体等。构成音乐的形式要素，就是音乐的表现手段。音乐的基本要素是节奏和旋律。音乐是音响和时间的艺术，声音是音乐的基本素材之一。音乐作为完整的艺术形式，有着自己强烈、系统、完整的表达方式，动作在音乐的衬托下，使得快乐体操更具有生命力与艺术性，扩大了表现空间。

（1）强弱动作语言。在进行快乐体操动作创编时，要仔细分析音乐的结构与特点，将每个具体动作的编排与音乐中的每个起、承、转、合完美融合，使动作的大小、力度的强弱都与音乐的变化相适应，让音乐在时间的延续中起伏跌宕。音乐的强弱变化为动作的力度与起伏创造了内在的条件，使动作与音乐在结构上产生联系，出现曲调与节奏的变化、动作的起伏，从而产生韵律感。

（2）长短动作语言。要注意乐句、乐段和乐曲的完整性。在创编快乐体操时，音乐的节奏与速度应严格地控制着动作的节奏与速度，因此其在很大程度上控制着动作的强度。

（3）风格动作语言。音乐风格在很大程度上指导着动作的风格。音乐风格受时代变迁、民族、地域、环境和作者等因素影响，只有这样，音乐与动作才能变得协调，才能有力地支撑动作。对于动作的选取，应当符合所选音乐的基本节奏与风格，适当融入各民族独特的舞蹈动作元素，借鉴不同舞种、不同领域的一切可操作元素，以此在音乐的基础上创编动作。

（三）快乐体操动作创编的方法与程序

1.快乐体操动作创编的方法

（1）调查法。要进行快乐体操的创编，首先要了解学生的状况，根据学生各个方面的特征进行创编，这就需要到学生中进行调查。另外，要了解快乐体操的创编元素，看看哪些元素符合学生的要求，从而整合动作、创编动作，以达到最佳的健身效果。

（2）构思法。构思法就是利用感知的和已知的信息进行再创造的方法。它是指创编者根据输入的信息，在大脑的记忆库中搜寻与之相关的信息，或者利用大脑记忆库中的一些信息形成与之相关信息的过程。这种方法反映了创编者对动作技术的广泛吸纳，实践中的各种动作素材都可通过构思法创编快乐体操的动作，通过此种构思法，达到开拓思路并实现动作创新的目的。

（3）资料法。资料法是指创编者根据需要，参照录像、图片、书籍等资料，根据生活中的细心观察，进行动作创造的方法。资料法的运用是收集动作素材的过程，创编者可对所看到的动作进行改编或移植，使其成为组合动作或成套动作中的一个动作。这种方法适用于初级创编者。

（4）组合法。组合法是指在创编快乐体操动作时，将两个或者两个以上独立的技术动作，通过巧妙连接或重组，形成新的技术动作或者成套组合动作。快乐体操组合既可以使同一类型动作变化为多个不同特色风格的动作，也可以对不同类型多个单独动作进行适当重组，最后完成成套动作的编排。成套动作是否流畅、自然，其连接与过渡动作至关重要，动作的设计要符合大众健身舞的特点。

（5）完善法。完善法是创编后期采用的方法，一般是在创编的动作、组合或者成套动作有了雏形之后，对其进行修改、完善的方法。此方法的运用，使得快乐体操的创编更加完善。创编者考虑的因素在后期要更加细致，相当于课程结束后的总结，并对错误动作、不完善动作和组合动作进行修改、完善。

（6）反馈法。反馈法是指在动作创编结束后，创编者通过自己练习进行自我检验，或者在教学中通过学生的反应，来调整、完善动作的方法。此方法是检验动作或者组合动作是否完善、科学的重要方法之一。通过此环节，对于动作的安全性和科学性，学生可以更加放心。因此，反馈法也是创编者常采用的创编方法。

2.快乐体操动作创编的程序

一套动作的编排，不是简单的单个动作的罗列，而是动作间的有机联系、和谐配合及完整统一，是具有空间要素的立体艺术，是一项创造性的工作。

第一，设计框架。框架就是骨骼，快乐体操的框架应当是科学的、鲜明的、有序的。建立框架，应在考虑音乐等各种因素的情况下遵循快乐体操的创编原则去做。创编动作的核心内容是确定组合类型是单一型还是综合型、组合的练习形式是定位练习还是行进间练习、有无队形变化等，根据核心动作间的逻辑关系确定动作顺序，根据核心动作的数量和重复次数计算组合长度，形成组合动作的框架结构。

第二，选择音乐。音乐作为快乐体操的另一组成部分，在创编中是不容忽视的。根据创编的目标，选择音乐的旋律和风格，确定音乐的长短、起伏。根据核心动作的节奏和风格特点、组合的长度和框架结构，选择适宜的乐曲。

第三，编排动作。根据创编的要求和音乐的风格，选取适合的动作进行组合，以核心动作为主，配合简单的连接动作，按音乐乐句的长度编排联合动作。根据动作之间的逻辑关系及音乐的结构特点，将各种动作串编成组合动作、成套动作。

第四，修饰加工。首先，在口令的指挥下做动作，检查动作之间的衔接是否合理、动作节拍是否完整、要编的动作内容是否充分体现、成套动作的长度是否合适，删除不合理的动作，对不合适之处进行修改和完善。然后，配上音乐伴奏进行成套动作练习，检查动作与音乐是否吻合、节拍长度是否一致，对于配合不协调的动作进行修改或调整，使其和谐。

第五节　快乐体操教学的运用与评价

一、快乐体操教学的运用

（一）抓住学生好动的特点，加强教学的趣味性

好动是指学生随着触觉能力逐渐敏锐，喜欢东看看、西摸摸，活动不停，跑、跳、做等是学生好动的表现，但他们的注意力容易分散。因此，在体操教学中，我们应根据学生活泼好动但注意力易分散的特点，避免采用过于复杂的动作和游戏。

创编的趣味性体操练习应真正做到趣味性，以趣味性吸引学生全力以赴地参与到活动中来。一般来说，趣味性体操的内容和形式越新颖，情节越生动，其趣味性也越强。此外，创编的富有趣味性的体操动作和游戏的难度要符合教学大纲的要求，方便教学，简单易行。另外，在具体的教学过程中，教师应避免花费较多的时间去讲解、示范和组织，尽可能地使学生能够很快地投入到快乐体操活动中来。

教师要根据学生的生理和心理的实际特点，综合运用音乐、道具和游戏等手段，进行快乐体操教学，以学生感兴趣的内容、教学形式，来激发他们的参与兴趣和热情，迎合学生好动、好表现的天性，达到在玩中学、在学中玩的教学效果。此外，教师还应以更科学、更合理的教学方法来指导教学实践，根据学生身心发展的规律和特点，在教学时做到循序渐进、逐渐增加难度，不仅可以使学生的柔韧性、力量、速度和灵敏性等素质得到提高，而且会对学生的自信心、合作性和勇敢精神培养起到良好的作用。

（二）投合学生的好新心理，创新教学方法

好新是指学生大脑处于发育阶段，听觉、视觉、嗅觉能力逐渐加强，对新鲜事物敏感，喜欢形状、颜色、气味、声音等新鲜刺激，容易有厌旧情绪。运动技术学习是一个交织着懂、会、乐的过程，这是学生在体育课中获得良好运动体验、获得成功与自信的途径和源泉。体育锻炼的过程又是一个要努力、要拼搏、要忍耐、要吃苦的过程，无论是学习经验，还是教学实践，都告诉我们学习是需要重复的，那么，如何让学生的体操学习在原有的水平上不断得到提高，如何去引导学生，使他们在学习中感受到练习是新鲜有趣的，而不是简单重复的，这是快乐体操教学的关键所在。

快乐体操教学大致包含以下几种方法：

场景变异法：通过改变器材的形式和功能等，或利用生活中的自然场地，巧妙地设计练习动作，对原有体操教材内容进行改进，使练习手段多样化。例如，一些学校在树上固定了放脚的地方，作为攀爬的器械，在树下堆放保护垫或张挂安全网，来增强学生的安全感，在草坪上做技巧运动等，这些都是简易可行的教学手段和方法，贴近生活场景的、与大自然融为一体的场地和器材，使得学生没有了畏惧感，热情变高了，使体操教学变得生动有趣而又简单易学。

动物模仿法：以体操运动的基本活动形式为内容，以各种喜闻乐见的动物动作为模仿对象，创编一些新颖的、全面的锻炼形式，使教学方法和手段丰富多彩。例如，模仿各种动物的走、跑、跳练习，还可以采用组合动作，如前滚翻动作接模仿小动物动作的组合练习。

故事情景法：利用民间传说、传统文化和自创情景等，把体操教学活动编成短小的故事，角色化、故事化的教学内容使学生在练习跳跃、滚翻、支撑和悬垂等时充满了趣味性。

表演比赛法：对于一些体操动作教学，可以采取表演或比赛的组织形式，以此来提高学生学习动作的热情，培养学生的集体主义精神和合作意识。例如，在队列练习教学结束之后，教师可组织学生进行会操比赛、小型团体操表演或组成图案的队列比赛等，这能使枯燥的队列练习变成具有美感的集体活动。另外，队列练习的内容和形式很多，教师要把各种动作、节律、图案和人员的变化等因素都利用起来，让学生在不断出新中得到动作技能的提高。

（三）重视学生的好胜心理，加强心理引导

好胜是指随着身体的发育，学生的运动能力逐渐提高、喜胜厌败，受到教师表扬时会喜形于色，受到教师批评时则会表现出灰心丧气。

在快乐体操教学实践中，教师应充分利用学生的这种好胜心理，把一些体操动作创编成游戏比赛形式的教学内容，以此来提高学生学习动作的热情，培养其竞争意识、集体主义精神和团队协作能力。

此外，教师还应该妥善处理批评与表扬的关系，密切关注学生的心理动态，培养学生正确的胜负观和荣誉观。教师给予学生肯定和赏识，不仅会让学生得到心理上的满足，而且能增强学生的自信心。因而，教师给胆怯的学生一个鼓励的目光、一个自信的微笑、一个"你能行"的暗示，都能让他们战胜自卑的心理，与同学们平等相处，以竞争、乐观的精神面貌参与到体操学习中来。

从教学法的角度来说，在同一个教学活动中，让不同水平的学生都能够有所成功是有效教学的一个指标。因此，在体操练习中，教师要密切关注每名学生的发展水平，为所有学生提供体验成功的机会。这就要求教师及时表扬每一名学生的进步，让大家为他鼓掌加油，给予学生精神上的奖励，激发他的学习兴趣。教师还可以请一些动作技术掌握较好的学生来做"小教师"，这对于他们来说既是一种荣誉，也是一种成就。

（四）发扬学生的好学品质，避免出现畏难情绪

好学是学生求知欲强，要求上进的表现，但一些学生在遇到困难时，容易产生畏难情绪。一般来说，体操课的运动量不宜过大，更不适宜进行较大负荷的力量和耐力练习，否则会影响学生的正常发育、有损健康。在快乐体操教学内容选择上，可以对以下四类内容进行分析后加以确定：

（1）将趣味性和技能性都强的体操内容作为重点教学内容，其能在快乐体操教学中发挥重要作用，如健美操、艺术体操、舞蹈、技巧、器械体操的简单动作等教学内容。这类内容是各个水平层级学习应重点安排的，也是让大多数学生在学习过程中逐渐形成专项运动技能的基本内容。

（2）技能性强但趣味性不强的体操内容，如技巧和器械体操等具有一定难度的动作，也是重点内容之一，但应注意改造、简化内容，并注意教学方法的选择，不能为了追求乐趣而放松运动技能教学。

（3）对于趣味性强但技能性不强的体操内容，可以将其放在课程的准备部分和结

束部分，或者作为学校的主要教材，如各种徒手体操、轻器械体操、攀登爬越、瑜伽和普拉提等练习。

（4）对于趣味性和技能性都不强的体操内容，一般可不作为专门教材大量使用，可以为了某种目的而运用，如集会、整顿纪律等可偶尔用之。但一些身体素质练习则应是系统安排的教学内容，宜穿插安排在各个教学单元内，但又不宜过多地占用时间。

快乐体操教学的理念非常符合学生的身心发展特点，运动量一般都不大，大多是一些灵敏性练习，教学内容生动有趣，教学手段丰富多样，身体活动呈现断断续续的形式，活动与和休息经常处于交替之中，因此学生能坚持较长时间的练习而不感到疲劳，在快乐中充分享受体操的乐趣。

总之，快乐体操教学应充分关注学生好动、好新、好胜和好学的心理特点，把享受体操快乐、感受成长幸福作为快乐体操教学的理念，为学生创设自然、亲切、和谐的体操练习情境，选取欢快活泼、节奏鲜明的音乐和舒展大方、铿锵有力的动作，调动学生的视觉、听觉和空间知觉等，鼓励学生充分展现自我，通过各种方法和手段，让每名学生都能在自主、快乐中发展体操技能，都能得到身体的锻炼和艺术的熏陶。

二、快乐体操教学的评价

在体操教学中，让每名学生的身体得到有效锻炼，在锻炼过程中保持愉快的情绪，在体操课上感到满足和幸福，应是快乐体操教学不懈追求的目标。如何将先进的快乐体操教学理念转变为可操作的教学行为，需要建立一套简便实用的快乐体操教学评价方法，其对快乐体操教学的有效实施有着非常重要的作用。

（一）快乐体操教学的评价依据

应建立促进学生全面发展的评价体系，对学生运动参与、运动技能、身体健康、心理健康和社会适应能力等进行了解和分析，运用自评、互评、师评、家长评等形式，充分考虑学生的知识技能、情感价值与价值观，对学习过程和方法进行评价，要采用绝对性评价和相对性评价相结合的方式，淡化选择与甄别功能，强化激励和发展功能，使学习评价真正成为促进学生进行体育学习和积极参与体育活动的有效手段。

对快乐体操教学进行评价，应围绕运动参与、运动技能、身体健康、心理健康和社会适应五个学习领域目标来进行。

基于学生的生理特点和心理特点，快乐体操教学评价既要反映"三基"教育成果，又要体现显性和隐性培养与发展、近期与长期、现在与未来相结合的原则，着眼于激励；既要全面体现学生的素质，又要把握可操作原则，切勿搞复杂化。

（二）快乐体操教学的评价方法

1.多元化的评价内容

将口头评价、课中评价、课后评价、单元评价、期中评价和期末评价等相结合，给予快乐体操教学系统的评价。

（1）口头评价要随时随地，贯穿始终，主要以教师的语言、表情、手势、拥抱等动作给予学生及时的评价，辅之以学生之间的互评。

（2）课中评价主要以每节课的学习目标为标准，设计各种评价表，学生对照学习目标与评价标准进行自我评价，帮助学生学会反思与总结。这种反思、总结的过程实质上是学生自我教育的过程，学生不断地进行反思与评价，再不断地矫正，从而不断地提高自己的自我教育能力。

（3）课后评价是在每节课结束的时候，学生进行自我评价，组长对组员进行组内评价。这样，不仅学生能发现问题，及时了解自己的学习情况，改善自己的学习状态，而且对于培养学生学习的积极性、主动性和独立性会起到重要作用。

（4）期中评价和期末评价是教师在期中和期末对学生进行的阶段性评价，要将评价表装入学生的成长档案中。

2.趣味化的评价方法

趣味化的评价方法主要用于对低年级学生进行表象评价和可视性评价。对于高年级学生而言，趣味化评价可提高学生的主动参与性，能起到一定的激励作用，有利于学习成绩的提高。

3.多样化的评价功能

（1）反馈调节功能。一方面，结合自评、互评和师评，对学生某一堂课或某一阶段的学习进行评价，向家长汇报评价结果，让家长能够及时了解学生在学校的表现，再由家长完善评价，以获得评价的最大效益，促进学生的全面发展；另一方面，学生对课堂教学的反馈最能体现课堂教学的实践效果，便于教师及时掌握自己的教学情况，客观地看待教学实践中出现的问题方，从而及时调整和改进教学设计与实施方案，提高学生学习的质量。

（2）激励功能。例如，教师可以用语言或肢体语言对学生进行肯定性评价，往往教师简单的几句话甚至一个动作，就能改变一个同学，促使学生做出正确的动作。

（3）反思教育功能。积极、正确的评价通常会对个体产生不同程度的促进作用，促使个体建立良好的反思与总结习惯。例如，可开展学生互评活动，学生对于自身存在的缺点很难发现，通过同学互评、互相监督、互相促进，对学生的发展会有很大助益。

（4）记录成长功能。无论是优等生，还是学习成绩稍差的学生，对学生进行正确、客观的评价，可清晰、全面地记录下学生学习的点滴，应以发展的眼光客观地评价个体的发展。

（5）积极导向功能。积极评价不但促进学生的发展，而且能渗透到课程改革的其他环节。对学生进行评价，应采取教师主评、学生自我、同伴互评、家长参评相结合的形式，其中，教师的评价最为重要，客观上影响着学生对学习的喜爱程度和学习积极性。因此，一方面，教师要做到对学生的表现及时评价，对其课堂表现、实践活动、作业情况等都要及时进行评价；另一方面，教师要侧重对学生进行正面引导，慎用、巧用否定性评价。在师生交往、教学活动中，教师应以合适的语言和动作给予学生及时的评价，让学生体验成功的快乐，感受成长的喜悦，以此激励学生、鞭策学生，使学生及时、有效地调控自身的行为。另外，教师的评价还要关注学生的个性差异，保护学生的自尊心和自信心。

快乐体操教学评价以贯彻健康第一的思想为指导，以促进学生综合素质的提高为核心，以考核学生的学习态度与进步程度为标志，贯彻以学生为主体的思想。目前，快乐体操理念及快乐体操教学模式尚处于初级阶段，其评价机制同样需要在长期的实践过程中不断地完善。

因此，学校应根据学生的具体情况，探索适合学生实际的快乐体操教学评价体系。在具体的快乐体操教学实践中，应根据教学评价的理念与目的，对不同水平阶段的学生使用不同的学习评价方法，使学生在学习过程中既能发现自己的进步、体验成功带来的快乐，又能了解自己的不足、改进今后的学习，还能帮助教师改进教学、提高教学质量。

（三）快乐体操教学评价对教师的要求

教师在进行快乐体操教学及评价时，应做到以下几点：

第一，树立新观念。以学校体育、体育教学为主线，以快乐体操理念为指导，促进教师转变单一体操教学的观念。

第二，补充新知识。教师应根据学校体育教育的特点、学生的生理和心理特点，以及快乐体操教学的特点，进一步完善知识结构，丰富专业知识。

第三，学习新方法。结合学生的特点，开展师生互动，以丰富的快乐体操内容、形式、方法和手段，加强教学手段、教学方法的学习，促进学生健康知识的掌握与体育技能的形成，进而培养学生对快乐体操教学的情感。

第四，具有新特色。教师应改变单一的体操教学方式，以运动技能、形体艺术特色为基础，结合体操教学的特点，拓展体操教学的内容，培养学生的体操兴趣，进而掌握一定的运动技能。

第五，获得新成效。教师应解放思想、锐意改革、勇于实验，不断提高体操教学质量，使快乐体操新观念、新知识、新方法、新特点得以落实，培养学生参与锻炼的意识，丰富学校的体育教学工作，进而推动体育教学取得新成效。

总之，快乐体操教学评价应由单一内容评价向多元内容评价发展。教师应在不断学习知识、总结经验的基础上，坚持发展的观点，促进自身教学理念的完善，不断丰富教学方法，对学生进行科学、公正、客观的学习评价，更加关注学生的全面健康成长。

第六节　快乐体操教学过程中的常见问题及解决对策

体育运动发展到今天，突破了传统的竞技范畴，逐步向娱乐、休闲反向拓展，运动不仅是为了锻炼身体，参加各种比赛更是为了获得一定的体验和享受，得到更多的快乐和精神愉悦。快乐体育成为新时期体育发展的一个重要方向，快乐体操相对传统体操有着更为广泛的受众，深受国民的喜爱，其安全性和趣味性更强，更具多样性和娱乐性。这些特点让更多的学生爱上运动，获得更多的快乐体验，快乐体操教学在提高学生身体的同时，不断培养学生的运动兴趣，促进学生更好地成长和发展。

一、快乐体操教学过程中的常见问题

问题一：学生的注意力不容易集中。体育运动相对于其他学科有其自身的特点，更多的是在室外进行，很容易受到外部环境的影响。快乐体操又不同于传统的体操教学，更为放松和自由，学生之间的互动和交流更多，也使得学生在获得更多快乐体验的同时，容易出现注意力分散和转移的情况，影响学习锻炼和学生间的配合。这是很多快乐体操教学中都会遇到的问题，也是一直不能得到很好解决的问题，甚至会影响教学进度和教学效果，也影响学生的学习体验。如果教师对学生的要求过于严厉，学生就会产生紧张感，不能尽情地释放自己；如果教师对学生的要求过于宽松，又容易使学生产生放纵感，不能很好地进行锻炼。

问题二：学生的体操意识不强。快乐体操是一项综合性体育运动，能够较好地培养学生的动作表现能力，让学生在运动过程中展现力量、技巧和动作之美，感知音乐节奏旋律和体育协调之美。对于快乐体操学习，学生不仅要掌握一定的动作技巧，而且要有审美情趣，要具有整体协调意识，表现出动作的美，需要身体、动作和表情的有效配合，进而带给人们美的享受。体操意识是一种思想和精神，指导着学生的运动，可以帮助学生展现出运动的神韵。很多学生在参加快乐体操运动的过程中，更多注重的是动作的完成，也就是为了完成动作而完成，不能较好地做到身体的、整套动作的协调，以及神韵之美的展现。

问题三：教师不能做到因材施教。每名学生的基础不同，他们的身体条件存在较大差异，大部分学生缺乏运动，体能较差，且其对音乐的感知能力不同，在快乐体操运动中与音乐的配合存在较大差异，学生们的表现意识和表演能力也不同，这些都需要教师在教学过程中做到区别对待，进行个性化指导。但现在，很多快乐体操教师采取的教学模式和教学方法基本相同，不能做到因材施教。

二、解决快乐体操教学常见问题的有效对策

（一）大力培养学生的体操意识

良好的体操意识是学习体操、练习体操的重要基础和条件，学生应真正领悟体操的精神，感知体育运动的神韵，增强表现能力。为此，教师在培养学生掌握动作技巧的同时，还应注重对学生进行体操意识的培养和强化。从事体操运动，是需要全身心投入的，要做到身体、精神和艺术的融合，跟上音乐的节奏，在锻炼身体的同时，获得更多的心理体验和精神享受。快乐体操表演需要感知美、表现美、创造美，通过运动能够展现自己的精神，感知艺术和运动的协调配合。每个动作都是美的一种表现形式，表情与姿态都是体操运动的构成要素，要做到动作自然流畅，才能展现体操的神韵之美。在教学中，教师应积极培养学生树立体操意识，并让学生在运动中感知、仔细体会体操意识。

（二）专业术语分析讲解通俗化

体操是一项古老的体育运动，在快乐体操学习和运动中，学生需要理解更多的专业术语，如果学生不能很好地理解动作术语，就不能在运动中真正领悟、贯彻动作要领，更不能在练习中很好地展现其神韵。体操动作丰富多样，不断创新各种套路，不断有新的名词出现，也不断有新的理念融入，这在促进体操运动发展的同时，也给学生带来了一定的学习困难。这就需要教师用通俗易懂的语言解释专业术语，帮助学生领悟其内涵，进而掌握动作要领，做到动作到位、神韵自见。

（三）采取分层分类教学法

教师应根据学生的能力水平不同，采取分层分类教学法，让学生在学习实践中找准自己的位置，从而实现教学与实践的有效结合。也就是说，教师要从学生的实际出发，真正贯彻因材施教的教育理念。在教学中，教师可根据学生的能力水平，将学生分成不同的层次，根据学生的层次差异制定不同的教学目标和训练标准，实施不同的教学方法，真正让学生掌握运动的技巧，感知运动的神韵，体验运动的快乐，促进学生的进步和全面发展。

总之，快乐体操教学需要真正贯彻快乐理念，认真研究教学中存在的问题，根据学生的基础差异实行差异化教学，培养学生的体操意识，促进学生的学习和成长。

第三章 艺术体操教学与训练方法

第一节 艺术体操教学理论

一、艺术体操的教学特点

（一）教学内容丰富多样

艺术体操属于非周期性的运动项目，其动作复杂多样、创新尝试层出不穷，徒手及器械动作内容、数目之多，在体育运动项目中屈指可数。在其他运动项目的教学中，往往会出现一个动作、一个姿势重复练习的情况，存在教学环节重复多、教学内容单一的缺点。艺术体操动作内容丰富多样，决定了其教学手段、组织形式呈现丰富性和多样性，使得它具有较为全面的锻炼价值，可以促进学生身体素质的全面发展。

（二）根据内容，做到各教学阶段环环相扣

艺术体操动作教学，通常是从最简单的基本动作学习开始，逐渐过渡到较复杂动作掌握，即由简单到复杂。艺术体操的动作内容具有连续性，例如学习一个基本动作，首要目标是掌握它，深层目标是用它来连接和发展比它更复杂的动作。此外，在教学中，教师还要考虑学生的年龄结构、生理特点、心理特点，以及不同学生的基础水平，采用不同的教学方法。只有重视各教学阶段的特点，选择适当的教学内容、方法及手段，才能促进教学效率的提高。

（三）营造艺术化的教学环境

艺术体操是一项艺术性很强、充分体现运动美的项目，在教学中应处处强调以美为准则，营造艺术化的教学环境。艺术体操的教学环境应该是一个开放的系统，其中，物质的、有形的要素构成了具体的艺术体操学习环境，主要包括明亮的灯光、干净平整的场地、良好的通风和采光、优质的音响设备，以及合适的服装与器械等。此外，还有无形的、精神的教学环境要素，包括教学活动中的各种人际关系、班级学习艺术体操的风气及心理氛围等。

在艺术体操教学中，教师要协调教学环境中各要素间的相互关系，为学生营造一个充满艺术气息的学习环境，营造和谐、融洽的教学人际关系，从而促进艺术体操教学活动的顺利进行。

（四）在教学过程中保持规范的姿态

艺术体操是以人体的姿态美为直观表现的，动作表现无论是折合与伸展、柔美与挺拔，还是粗犷与优雅，都有"形"可见，可以给人直接的视觉冲击和情绪感染，使观赏者感受到运动的旋律和艺术的美感。因此，培养正确的姿态是表现动作美的关键，也是青少年生长发育中不可忽视的问题。

在艺术体操教学中，要始终注意培养学生身体的挺拔感，增强站姿、坐姿、走姿的规范，并对体形加以约束，如膝、脚面的绷直，腿部的外开，收腹、立腰姿态的控制，手形与手臂位置的准确，以及头部动作、面部表情、眼神配合等，都应达到规范姿态的要求。

（五）充分利用音乐伴奏

优美的音乐可以提高学生的学习兴趣，有助于其发挥想象力，产生丰富的艺术表现力，使学生充分表现动作的内在感觉及美感。对于初学者来说，音乐不仅仅是单纯的节拍器，而是通过听音乐做动作来培养节奏感，有助于学生充分理解动作的节奏。

在教学中，选配的伴奏音乐应结构简单、通俗易懂、节奏感强、易于表现，乐曲的节奏、速度、长短应与动作和谐一致。教师不仅要教动作，而且要重视对学生音乐素质的培养，有针对性地讲解一些不同节奏音乐的特点，并培养他们对各种风格音乐的欣赏能力。

（六）对组合动作有较高的创新要求

艺术体操各类组合动作练习是培养学生协调性、韵律感、表现力，以及巩固和提高学生的各类形体动作、运动技术的有效手段。组合练习的编排，既要符合教学任务和学生的发展水平，也要反映当前组合动作发展的新趋势。

因此，作为教师来说，不仅要具有教学方面的专业技能，还要具有动作编排的创新能力及人体美学知识，能根据艺术体操运动的本质特点及动作结构、时空特征、运动方式、风格特点和音乐等诸多因素，对体操动作进行有机的组合创编，不断推出新的组合动作，丰富课堂教学的内容。

（七）身体动作与器械动作紧密配合

身体动作与器械动作紧密配合，是艺术体操运动的显著特点之一。无论使用哪种器械，对整个动作来讲都具有辅助作用，所以应把器械看作是身体某一部分的延长，起到加大整个动作幅度的作用。为了使身体动作和器械动作有机结合，初学者应在掌握基本的身体动作之后，学习器械基础技术。

（八）教师展现出综合素养

在艺术体操教学中，教师自身的综合素养对学生获得艺术美的直观感受具有重要作用。教师健美的身形、高雅的气质、饱满的情绪、整洁的着装、优美的示范、简练生动的讲解、准确清楚的口令，以及及时的动作提示与纠正，对激发学生的学习兴趣，感受艺术体操优美的运动旋律，促进师生双方配合并顺利完成教学任务有着积极的作用。

因此，教师应充分营造艺术体操课堂中的艺术氛围，以充沛的精力、规范的动作、优美的身姿、良好的气质去教导和影响学生感受这项充满魅力的运动。

二、艺术体操的教学任务

（一）在建立空间意识的基础上形成动作概念

空间意识是指与身体动作关系密切的空间知觉，它具有广度、高度、深度的三维性。在完成各种不同重心（高、中、低）、姿势、高度、远度的动作变化，以及器械与学生身体位置的变化等方面，空间意识都具有特殊的作用。在针对青少年生理、心理特点论述运动技能形成机制的理论中，英国教育心理学家韦尔福特认为，青少年是凭借感官接受信息，通过动觉意识指导自身活动的。而艺术体操动作学习就是从运动知觉开始，以完成身体动作结束，来表达运动能力的。

艺术体操大量动作的完成与人体的正常活动不太一致，这就使得动作的运动形式具有特殊性和人为性。因此，艺术体操的初学者必须建立起新的动作概念，而这种新概念形成的决定性因素就是空间意识的建立，也就是说，学生要在建立空间意识的基础上形成动作概念。

在艺术体操教学中，可将空间意识分为两大类，一类是个人空间意识，另一类是整体空间意识，这两类空间意识在结构与教学内容方面有一定的差异性。个人空间意识主要涉及不同身体部位、不同感官在参与不同练习方式（方向、路线、水平等）时的专门化空间知觉。整体空间意识主要是指在个体与外部空间关系中的专门化运动知觉，如空间的高度、与同伴的距离和移动方向等，常存在于较大的空间范围内，如在户外、在体育馆及在舞蹈室等。

在教学初期阶段，在学生对技术动作的肢体运动尚未获得经验的情况下，教师应采取直感教学法，来提高学生的空间意识，即利用视觉、听觉、皮肤触觉及本体感觉等多种方式，帮助学生建立正确的肌肉感觉及动作节奏。学生具有较为良好的空间意识，不仅能使学生对肢体运动和器械运动的控制能力有一定程度的提高，而且能在更大的时空范围内与同伴协同配合完成动作。

（二）培养良好的器械感并深入探索

器械感就是通过视觉、触觉、动觉、平衡觉、机体感觉等多种感官信息分析与综合后产生的、人体与器械接触时的一种综合知觉。能精确感受器械所处的位置、距离、重量、体积、弹性，以及器械的力量、速度和方向等，这是器械感的典型特征表现。通常情况下，对器械的感知程度越精细、越敏锐，分化程度就越高，技术掌握也就越完善。

如果学生已经具备了基本的身体控制能力，就可以尝试进行简单的器械练习。此阶段教学的主要任务是使他们形成良好的器械感，这也是掌握和提高器械技术的必经之路。在安排教学内容时，教师应充分考虑教材的性质和特点，分析各类器械学习的异同点，最好是按照学生对器械的熟悉程度来安排学习的次序。例如，对于大多数学生来说，对球和绳较熟悉（有以前的经验），教师可先选择这些器械进行教学，易形成积极的技能迁移，使学生在较短时间内获得成就感，这样不仅能增强学生学习器械技术的信心，还能促使学生继续探索器械的不同运动方式。

在进行器械技术教学的过程中，教师应以技术教学的进程和不同器械的技术要求为主要依据，有针对性地对学生的多种肌肉感觉进行专门的强化训练，从而促使学生快速形成器械感。例如，通过学生自抛自接器械，让其体验抛时的臂在适度用力状态下的施力与接时控制器械的肌肉感觉；学生持不同重量的器械做摆动，体验对手指、臂部和躯干肌肉的压力和牵拉感觉，以提高动作的协调性和控制力；让学生对轻重器械进行交替练习，以感受肌肉紧张程度的变化；让学生在不同高度、远近、左右、前后及移动中抛或接器械，提高学生对器械的控制、判断和适应能力。此外，配乐练习也是诱发学生的动作创作灵感及培养学生的动作节奏的较好手段。在进行球的有关练习时，教师可以播放一些节奏清晰的音乐，学生可随着音乐做拍球练习；若播放的音乐是优美、柔和的，就能促使学生联想到绕环或滚球动作。

综上所述，器械技术学习的重要发展阶段是器械感的形成。器械技术练习内容丰富多彩，教师要充分利用青少年学生强烈的好奇心，为他们提供反复练习的机会，并根据学生的基本条件和训练水平，适当地加大器械练习的密度，有针对性地增加多种感觉的刺激和强度，引导、鼓励学生积极探索和发现新的器械运动规律，从而提高学生学习器械技术的效果。

（三）要对器械基本动作进行正确识别

器械基本动作是艺术体操教学中的重要内容。当学生形成了一定的器械感之后，对于器械基本动作的掌握就变得更加容易，而器械动作的掌握又会促使学生的器械感形成，二者相互渗透、相互促进，因此在教学中可以同步进行。此阶段教学的主要任务是学习器械的基本技术，建立完整的器械动作概念，通过对器械动作的比较分析，加深对动作技术与动作各部分之间、动作与动作之间的关系的理解与掌握，以此来区分正确动作与错误动作，从而达到举一反三的效果。在这个过程中，教师要积极引导学生独立思考，提高自身的创造力和创新能力。

在器械基本动作教学中，教师要以运动技能间的积极迁移作用为主要依据，有针对性地选择学生较为熟悉的器械。例如，因为绝大多数学生对球都比较熟悉，所以选择球作为教学的起点是比较常见的。当初次接触球时，大多数学生都可以进行拍球、滚动、反弹和抛接练习，这些动作是艺术体操器械技术的动作雏形。教师可充分利用学生的原有的运动体验，逐步引导他们去了解每个动作的正确概念，按照由浅入深、由易到难的原则，逐步提高完成动作的要求，使学生提高动作完成的质量。当学生对一种器械有了初步的认识之后，再进行其他器械学习，其对新动作的学习就变得较为容易了。

此外，教师还要通过专业术语对基本动作进行准确描述，从而达到帮助学生建立正确的动作概念、形成正确的表象、理解器械技术的性质的重要目的。例如，在进行彩带螺形动作教学时，学生常会把动作描述成龙卷风形或圆圈状，此时，教师就要用规范的名称"螺形"及时给予纠正。

对规范术语的掌握，要做到以下两个方面：

第一，学生能用准确的文字及语言表达或记写所学的动作，这有利于促进学生与学生交流、分享学习成果。

第二，由于很多器械的基本技术具有相似的成分，所以应加强对术语的学习，从而使学生对动作概念的整体理解和把握做得更好。

（四）通过运用各种教学方法，强化运动技能训练

在学生熟练掌握了艺术体操的基础动作后，教师就要因势利导，不断提出新的学习任务。此阶段教学的主要任务是通过逐步提高练习的要求和难度，使学生在原有技能的基础上深化学习内容，增加技能的储备量，扩大技能的运用范围。

在艺术体操教学过程中，教师要以学生兴趣和实际水平为主要依据，认真钻研教学方法，掌握教材内容的内在联系，特别是在教学方法及教学手段选择上，要力争达到多样化，从而促进学生运动技能水平的提高。

在运动技能的深化阶段，教师要注重培养学生的观察和分析能力，使学生加深对动作的理解，并提高技术的熟练程度。在教学中，每完成一项任务，教师就要让学生对新学技能与原有技能进行对比分析，启发他们去发现这些技术动作之间的联系与差异，探索技术的内在规律，鼓励学生大胆运用已有的知识技能，创造新的动作或练习方法，提高其对已有运动技能的应用能力。

第二节　艺术体操训练理论分析

一、艺术体操训练的目的与任务

在艺术体操中，运动训练是一个重要的构成部分。进行艺术体操训练的根本目的与任务，是通过教师的科学、有效指导，促使学生逐步掌握和提高艺术体操的专项身体素质、技术、心理和实战能力等，从而拥有健康的身心和健美的形体，在生活中以更好的面貌示人，进而推动我国艺术体操运动的快速发展。

艺术体操训练的目的与任务，主要体现在以下四个方面：

（一）增强身体素质

优秀的身体素质是训练者顺利完成整套艺术体操动作的基础。艺术体操所需的专项身体素质，主要包括有氧状态及无氧状态下的代谢能力、肌体的力量与爆发力、背关节的柔韧性、身体的平衡与控制能力、肢体动作的协调能力与灵敏性、对空间位置和运动方向的敏感性，以及适应外界环境变化的能力。因此，艺术体操学生只有具备了出色的专项身体素质，才能为高质量地完成技术动作提供基本条件和保证，从而保证技术动作的顺利完成。

（二）提高心理素质水平

艺术体操运动的特点要求学生必须具备健康的人格、良好的道德品质、稳定的情绪、灵敏的感知能力，以及富有逻辑的思维和表达能力，学生要在复杂的情况下很好地控制自己，使得自己完成的动作富有朝气、动感和现代感，尽可能达到完美的境界。但这些心理素质并不是人类与生俱来的，必须通过日常的培养和训练才能获得。因此，无论是艺术体操爱好者，还是职业运动员，参加艺术体操训练可提高其心理素质水平。

（三）提高技术水平

艺术体操技术是根据艺术体操的基本原理建立起来的，它是艺术体操教学活动的重要内容，是形成艺术体操正确身体形态的有效途径与方法，是形成艺术体操项目外在特征与内在价值的基本保证。

艺术体操技术一般包括身体姿态（肢体与躯干在动作过程中的速度、幅度与控制能力）、弹动技术（缓冲的控制能力）、重心转换（身体重心在运动中的平移控制）、高空落地（控制与缓冲）、转体技术（身体各轴面感知能力的建立与控制、旋转力的发动），以及与同伴协调配合的技术（控制自己与同伴动作的一致性）等。

在艺术体操运动训练中，掌握了上述技术之后，就能更好地参加艺术体操运动。但要注意的是，在学习艺术体操技术时，需要认真实践与总结，才能真正地掌握艺术体操运动的各种技术，促进运动者技术水平的提高。

（四）促进我国艺术体操运动的发展

科学的艺术体操训练，必然能在很大程度上推动我国艺术体操运动的发展。艺术体操训练的一项重要任务，就是在训练中不断发现问题和解决问题，且做到不断创新，提高艺术体操运动的知名度，让更多人熟悉和了解这项的运动，从而推动我国艺术体操事业的发展。

拥有健美的体魄是人们的美好愿望，优美、动感且富有强烈艺术性的整套动作，不仅能给人们带来赏心悦目的感受，还能吸引更多人去关注艺术体操运动，为推动我国艺术体操事业的发展奠定重要的群众基础。

二、艺术体操训练的基本内容与要求

（一）艺术体操训练的基本内容

从整体来看，艺术体操训练所包含的内容和理论框架体现在以下方面：

第一，竞技体育在艺术体操运动中的地位和作用。

第二，训练的目的、任务和特点。

第三，训练方法与手段。

第四，训练原理和原则。

第五，训练过程的计划和控制。

第六，运动员的选拔。

第七，徒手训练。

第八，持轻器械训练。

第九，身体素质训练。

第十，心理、智能训练。

第十一，运动负荷与恢复。

如今，包括艺术体操在内的运动训练已经有了飞速的发展，现代训练理论研究也在不断发展与突破，运动训练学理论体系不断充实并完善，相关学者和一线教师研究出的新的理论与方法不断充实到运动训练理论体系之中。

（二）艺术体操训练的基本要求

为让艺术体操训练取得实效，实现预期目的，就要按照一定的要求来实施训练计划。训练不是随意进行的，要按照一定的要求来进行。

第一，在艺术体操训练的过程中，要始终将训练的目的和任务贯穿其中，所有训练行为都要服务于训练目的和任务。

第二，针对训练的不同阶段，分别确定不同的目的和任务，在计划安排上有所侧重。运动训练的目的和任务要针对训练的全过程，而这个过程是长期的，因此在训练过程中，应该根据不同的训练阶段、项目特点，以及学生的实际情况安排训练的重点内容，体现出训练内容的针对性。

第三，艺术体操的训练任务往往是多项的，而不同任务之间是相互联系的，所以在训练的过程中要处理好各训练任务间的关系。从不同训练内容来看，要正确处理身体素质训练、动作训练、轻器械训练、心理智力训练和思想道德训练等内容之间的关系，还要处理好各项任务内部要素间的关系，如形态、机能、运动素质之间的关系等，以更好地完成运动训练的任务。

第四，建立科学的训练管理体制，这是实现训练目的的组织保证。运动训练体制有多项因素，包括组织管理体系、训练组织形式，以及有关的法规、制度等。科学的管理是确保训练任务完成的重要环节，在管理工作中，要根据国际竞技运动发展的趋势和我国的国情，制定好竞技运动发展的战略，建立各种规章制度，引入竞争机制，通过人、财、物等资源管理调动各方的积极性，才能保证训练目的的实现。

第三节　艺术体操训练的原则与方法

一、艺术体操训练的原则

艺术体操训练的基本原则是在运用教学原则基础上发展起来的，以艺术体操训练特点为主要依据，可以将艺术体操运动训练的基本原则概括为以下四项原则：

（一）全面性原则

全面性原则是指在发展艺术体操运动基本技能的前提下，全面安排和充分发展学生的各项运动素质，以促进专项成绩的全面提高。

第一，全面发展运动素质和全面提高身体机能能力，是达到高水平专项运动技术水平的基本前提和基础。

第二，运动素质要想得到发展，就必须要求全面发展人体的多项系统。因此，在艺术体操训练初期，必须采用正确的、全面发展运动素质的方法，使发展技术技能所要求的所有形态与机体能力都得到发展。

第三，训练者的基本运动素质和艺术体操专项运动技能转移，需要一定的基础条件，专项运动素质和技能也要建立在一般运动素质的基础上。只有全面安排，才能创造各种条件和可能，使专项运动技能所需的一切都得到充分发展。

需要注意的是，全面发展运动素质，并不意味着把全部精力和时间都用在全面训练上。随着艺术体操学生体能水平和运动水平的不断提高，其训练也应朝着更为专项化的方向发展。

（二）系统性原则

常年不间断地进行系统训练，不仅是不断重复和巩固运动技能的需要，而且是运动技能系统化积累的需要，还是艺术体操取得优异成绩不可缺少的一环。常年系统训练和周期训练是贯彻系统性原则的重要手段。

在艺术体操的系统训练中，要注意做到如下方面：首先，要明确目标，做到身体训练与技术、智能、心理训练相结合；其次，把握好训练周期安排，做到循序渐进；最后，在临近比赛时，要有调整运动量的措施，将竞技状态调整到最佳。

（三）循序渐进原则

艺术体操训练要遵循循序渐进原则，要符合人体动作形成的客观规律，不能操之过急。艺术体操运动训练实践表明，在艺术体操运动技术的训练和学习中，人体结构的改变、运动能力的提高、内脏循环功能的改善，都是由于机体的神经系统通过对运动系统及其他内脏循环系统反复、多次调节而形成的适应性反应。这种适应性的形成是一个复杂、漫长的协调过程，仅仅靠几次训练或练习是无法实现的，因此训练者只有经常坚持训练、长期积累经验，才能达到良好的训练效果。

总之，良好的运动能力和竞技水平不是一朝一夕就能形成的，艺术体操训练也是从量变到质变的过程。在训练实践中，学生运动技能提高并不等于增强了身体素质，这反而是打破了机体原有的生理机体平衡，所以必须坚持循序渐进的原则。

（四）区别对待原则

不同个体之间的差异性是客观存在的。由于训练者在性别、年龄、身体素质、理解能力等方面存在很多不同，因此艺术体操运动的训练内容、训练方法、训练负荷等也要有不同侧重。进行艺术体操训练，要充分考虑客观规律和实际情况，即要求在艺术体操训练中遵循区别对待的原则。

区别对待原则有利于调动学生练习艺术体操的自觉性和积极性，也有利于教师发现和培养有前途的学生。学生间存在个体差异，因此在艺术体操训练中，教师要对学生的情况做到了如指掌。学生在自主训练时也要做到从自身条件出发，扬长避短。

总之，在艺术体操训练中，要贯彻区别对待原则，使训练任务、训练内容、训练手段、训练方法和运动负荷符合学生的实际特点。

（五）动机激励原则

动机激励原则是以更好地促使学生在以个体为主的训练过程中，更好地激励自己良好的训练行为和动机，更自觉地、主动地完成训练任务为目的的训练原则。

在艺术体操运动训练中，科学贯彻动机激励原则，应注意做到以下四个方面：

1.满足学生的合理需要

研究发现，人只有在得到物质保证后，才会有更高层面的追求。因此，在进行艺术体操训练时，要关心学生的生活，尽量满足他们的物质需求，安排好他们的衣食住行，还要给予他们足够的尊重，使他们有安全感，有稳定的训练环境，只有在满足了这些基本需求后，才能更好地引导他们形成"自我实现"的更高层次目标，进而产生积极从事训练和比赛的动机。

2.激发学生参与训练的兴趣

注意运用各种符合不同年龄学生个性心理特征的手段，激发他们参加运动训练和竞赛的兴趣。过早地从事单一的专项训练，会使学生产生厌倦情绪，这对训练的开展是不利的。

3.明确学生在训练中的主体地位

在训练过程中，教师应明确学生的主体地位，使他们了解训练的目的、任务、要求与安排，并在一定程度上参与训练计划的制订和运动训练的组织。只有这样，学生才能更积极、主动地参加训练。

4.教师应做好表率作用

教师要特别注意自己的行为，要善于对学生进行说服教育，并以自己的知识、能力和表率作用，以及通过有效的训练提高学生的运动成绩，来取得学生的信任，树立权威，以此激发学生进行艺术体操训练的积极性。

二、艺术体操的传统训练方法

（一）完整训练法

完整训练法是不分部分和环节，从技术动作或战术配合的开始到结束，一口气对整套动作进行练习的方法。完整训练法能使学生一下子掌握完整的技术动作和战术配合，使技术动作和战术配合保持完整的结构，使动作的局部与整体充分衔接、联系起来。

在艺术体操训练中，完整训练法既可用于单一动作的训练，又可以用于多元动作的训练；既可以进行个人成套动作的练习，又可用于集体配合的练习。在练习单一动作时，注意动作之间每个环节的联系，逐步提高负荷强度和练习质量；在练习多元动作时，掌握好每个单独动作后，注意掌握多个动作之间的衔接。在练习个人成套动作时，要注意把握整套动作的流畅性；在练习集体配合时，要注意技术串联的默契性。

（二）间歇训练法

间歇训练法是指在训练中对组间间歇时间进行严格规定，使机体在未完全恢复下进行反复练习的方法。实践证明，对间歇训练过程严格把控，能够明显提高学生的心肺功能；通过对运动负荷进行控制，可使机体各机能产生与项目相匹配的适应性变化；通过各种间隔类型的间歇训练，能够让机体内糖酵解代谢供能能力、磷酸盐与糖酵解混合代谢供能能力、糖酵解与有氧代谢混合供能能力都得到提高；严格控制间歇时间，能让学生在比赛中面对复杂局面和激烈对抗时有稳定的表现；通过较高心率的刺激，可以全面提高机体的抗乳酸能力，确保学生在高强度的运动状态下保持稳定的运动能力。

（三）持续训练法

持续训练法是指负荷强度较低，持续时间较长，没有间歇休息的训练方法。采用该方法进行训练，平均心率可达 130～170 次/分钟。持续训练主要用于发展一般耐力素质，能够帮助学生完善负荷不强但技术较为细腻的动作，可使机体在长时间负荷刺激下达到比较稳定的状态，内脏器官随着机能变化而出现适应性；能进一步提高有氧代谢系统供能能力，以及在此状态下的有氧运动强度，进而为发展无氧代谢能力、提高无氧工作强度，打下坚实基础。

（四）重复训练法

重复训练法是指反复练习相同的内容，两次（组）练习之间进行充分休息的方法。通过相同的一个或一套动作的重复练习，不断形成条件反射并逐渐强化的过程，对学生掌握和巩固技术动作大有帮助；以相对稳定的负荷强度进行反复刺激，可使机体在一定时间内出现较高的适应性机制，有利于发展和提高学生的身体素质。

影响重复训练法训练效果的决定因素，有单次（组）练习的负荷量、负荷强度及每两次（组）练习之间的休息时间。在间歇时，可以通过整理运动和按摩等方式，来消除肌肉疲劳。

（五）分解训练法

分解训练法是将一套完整的技术动作或战术配合过程进行分解，分成若干个环节或部分，然后以每个环节或部分为单位，分别进行练习。在训练中运用分解训练法，能够使学生不被训练内容的困难所吓倒，能一心一意地执行训练任务，强化技术动作和集体配合训练的质量和效果。

分解训练法适用于技术动作或战术过程较为复杂，且运用完整训练法又无法轻易掌握的训练内容，对技术动作、战术配合中的某些环节需要进行专门训练的内容具有很好的效果。

（六）变换训练法

变换训练法是指改变运动负荷、练习内容、练习形式及其条件等因素，改变相对枯燥乏味的训练，增加训练的趣味性，以提高学生的积极性、适应性及应变能力。该方法提出，是依据运动竞赛的复杂性、对抗程度的激烈性、动作技术的变异性、集体配合的变化性、能力要求的多样性，以及中枢神经系统的灵活性等特征。

运用变换训练法，能使机体产生与有关运动项目相匹配的适应性变化，学生的身体素质、动作技术、战术风格得到均衡、协调发展，从而帮助学生在实战中提高承受负荷能力、身体应变能力、技术串联能力和技术衔接能力。

三、艺术体操的创新训练方法

（一）变奏训练法

变奏训练是指通过改变训练节奏，使学生改变动作节奏的练习，体会快节奏完成动作与慢节奏完成动作的训练方法。该方法适用于艺术体操这种强调动作节奏的项目。

在艺术体操的变奏训练中，一些动作不是很成熟的学生的动作往往会在较快节奏下变形，或者动作没有那么标准，因此教师应适时提醒学生注意完成动作的质量。

变奏训练的另一层含义是改变动作的练习速度，或将高速度动作练习与变换速度练习的动作结合起来，这种训练的目的是避免每个动作都在同一个速度水平上，避免动作僵化，使每个动作显得更加灵活。

（二）方位训练法

1.动作方位训练

动作方位指的是体育训练中在完成动作的过程中相对于空间和身体部位的方向和位置。提高学生的动作方位，就是要提高其空间感的准确性。动作方位对于成套动作中的每个动作都很重要，艺术体操强调动作准确到位，就是指动作方位的准确性。

在动作方位的运动训练中，可以沿用体操中动作坐标系来判断动作方位，帮助学生分析动作完成的角度和方向的准确性。在训练中，应该明确每个动作的具体程度，如手臂所走的平面、角度和高度，下肢的站位和空间位移的角度、弧度、高度等，这样才能标准、规范地做好每一个动作。

2.镜面方位校对训练

在艺术体操训练中，镜面方位校对训练不仅是指学生面对镜子练习动作的准确性，也指学生一对一面对教师或其他同学完成操化动作的训练。镜面方位校对性训练能清晰、准确地帮助学生建立正确的动作方位感，让学生对自己容易犯错的动作角度、高度、弧度和动作方位有清晰的认识，调节和纠正错误的方位与动作，使学生在较短的时间内加强大动作的稳定性和准确性，建立起方向感。

3.定位训练

定位训练是指学生在操化动作的练习过程中，对每一拍的肢体动作都达到规定位置的练习。刚开始训练时，可以放慢节奏，让学生充分感觉动作的规定位置，等学生习惯正确位置后，再加快节奏和动作速度。此外，教师还可以在定位点设置障碍物，帮助学生建立方位感。

定位训练的缺点是容易使学生做出的动作变得僵化、机械，所以在定位训练运用上要注意把握学生的动作表现力，强调动作发力和制动的感觉。

（三）表象训练法

表象训练也被称为念动训练、回忆训练、想象训练等，是在动作技术和知识理论学习中运用得比较广泛的一种方法。表象训练法是学生在相应的语言、动作等暗示指导下，有准备、有计划地在头脑中再现相应的运动表象、运动场景及运动情绪等方面的内容，以便更好地掌握技术动作要领，进而提高其运动水平和比赛成绩。

运用表象训练法，能够使得学生更好地记忆相应的技术动作，并且更容易在脑海中形成动力定型，对技术动作学习和训练具有积极的促进作用。因此，在艺术体操训练中，教师应积极运用这种训练方法，帮助学生提高各项能力。

（四）程序训练法

程序训练法是指在训练中侧重通过对训练内容的系统性安排和强调训练过程的时序性，来科学控制运动训练过程的训练方法。在训练过程中，训练程序指的是将训练过程的时序性与训练内容的逻辑性融为一体的有序集合体，作为程序训练法的控制依据，其体现了学生在训练过程中的不同时期、不同阶段的具体训练内容间的关系，要为学生编制科学的训练程序。

随着现代竞技体育的不断发展，运动训练方法始终在创新，但无论是什么样的创新，教师都应在学生进行运动训练之初详细讲解、细致分析技术动作，使学生在训练开始就学到正确的技术动作、训练方法和训练要点。在训练过程中，教师通过对动作要领的讲解，促使学生树立正确的目标和方向，同时对各项技术动作的正确用力情况、各种动作练习的感受有更深的了解。

在保证动作准确的前提下，教师引导学生进行技术动作回忆，这样才能够使得训练方法起到很好的作用。对于一些环节复杂、不容易掌握的动作，教师应对学生进行引导和讲解，循序渐进、由浅入深地开展训练，把握好侧重点和难点，最终使学生掌握各种技术动作。此外，教师组织学生进行训练时，还应向学生充分阐述训练的目的、意义及训练原理，并使运动训练方法能在科学、合理、正确的基础上取得创新发展。

（五）外力训练法

在动作训练过程中，教师可以借助外力帮助学生完成某一动作的提高，让学生体会快速动作的感觉。在进行助力训练时，教师要把握好助力的时机，让学生体会助力的作用下完成动作的时间和用力的大小，以便帮助学生达到独立做动作的要求。

（六）核心稳定训练法

核心稳定训练是近几年来兴起的运动训练方法。在 20 世纪 90 年代初，多将其运用于伤后康复训练和日常健身训练中，此后逐渐应用于竞技体育的职业运动员训练上。

1.初级训练阶段

在初级训练阶段，第一周，主要针对学生的肌肉力量和稳定性进行恢复性练习；第二周，主要针对学生的肌肉耐力和控制性基础进行练习；在打下基础后，第三周、第四周则要进行综合性练习，使得学生的综合素质得到全面提升。

2.中级训练阶段

中级训练阶段是适应阶段，这一阶段为更高级的训练打下基础。在中级训练阶段，第一周训练主要是对学生进行肌肉力量稳定性和稳定控制能力训练；第二周训练主要是对学生进行肌肉耐力和稳定控制能力训练；第三周、第四周训练是对前两周训练的综合和提高，最终使学生的肌肉力量和控制能力得到相应的提升。

3.高级训练阶段

高级训练阶段是强化阶段，这一阶段是在前两个阶段的基础上，进行综合器械训练，让学生的综合素质有一个质的提升。本阶段的训练具有一定的针对性，根据学生的特点安排训练。

需要指出的是，核心稳定性训练需要制订更科学、更详细、更严谨的训练计划，并做到长期坚持，这样才有利于效果的显现。在训练过程中，应根据学生的实际情况，来制订相应的训练计划；应在对核心稳定性训练充分了解的基础上，广泛开展核心稳定性训练，结合不同体育运动项目的专项训练特点，提高训练质量。

第四章 体操专项素质训练方法与实践

第一节 弹跳力素质及其训练方法

一、弹跳力素质概念

弹跳力素质对于田径、球类、体操、武术等许多项目来说，是一项十分重要的身体素质。弹跳力一词在广大体育教师教学中应用十分普遍，但纵观国内外的研究成果，对弹跳力、弹跳力素质还没有明确的概念界定。

弹跳力是力量素质中的一种专门性的运动素质。综合研究者对弹跳力素质的研究，对其进行概念界定，大致可以这样表述：弹跳力素质是人体通过神经肌肉系统的工作，克服自身重力，产生腾跃，以使身体重心达到更大的高度或远度的能力。

弹跳力素质与基本力量素质之间有着密切的联系。从弹跳力的工作机理和表现形式上来看，它本身就是一种快速力量或反应力量。人体的跳跃形式主要有两种，即远度跳跃和高度跳跃。在这两种跳跃形式中，按照起跳时的动作，每种又可分为从较慢的手摆动作开始（即原地开始）的跳跃和从助跑或连续跳开始的跳跃。原地开始的跳跃要求人体神经肌肉系统以较快的速度发挥出尽可能大的力量，这是快速力量的表现。而从助跑或连续跳开始的跳跃则要求神经肌肉系统先在极短的时间内进行离心收缩（缓冲），紧接着迅速转为向心收缩（蹬伸）的整个过程（拉长—缩短周期）中发挥出力量，这就是反应力量（或称为超等长力量）表现。

最大力量是弹跳力的基础。从对肌肉的收缩速度与负荷之间关系的研究中可以看出，如果人体肌肉的最大力量提高了，那么在相同负荷条件下，其收缩速度便会加快。

另外，对于那些需要在长时间里完成连续跳跃动作的项目来讲，发展力量耐力也是该项目学生弹跳力素质不可缺少的一个重要方面，只是在采用的手段上与其跳跃动作更为相似。

二、弹跳力素质训练的机理

研究表明，决定弹跳力大小的主要因素有六个，即参与完成跳跃动作有关肌肉的横断面、神经系统发放的高频率刺激、肌肉纤维的组成、吸引（补充）活动和肌肉内部协调性、肌肉之间的协调性（技术）以及拉长—缩短周期节奏的适应性。

弹跳力在很大程度上取决于最大力量的大小。因为最大力量是快速力量和反应力量的基础，而通过增大肌肉纤维横断面的肌肉体积练习，会有效地促进最大力量的提高。

依靠神经系统发放高频率的刺激，也是提高弹跳力的重要因素。有关的生理学研究表明，如果人在用自己最大力量80%以上的力量发力时，力量的增加主要是靠神经中枢发放冲动的频率增加来实现的。此外，由于弹跳力是克服自身重力的一种能力，无限制发展肌肉横断面的最大力量，最终将导致学生体重相应增加而影响弹跳力的实际增长效果，因此提高学生做弹跳力练习时的兴奋性，使他们的神经中枢处于一种适宜的状态，有利于增加冲动发放的频率。在有效控制肌肉横断面过分增加的情况下，通过充分挖掘肌肉力量来提高最大力量，可使弹跳力有效提高。

肌纤维按照收缩特性，可分为快肌纤维和慢肌纤维。在弹跳力素质练习中所采用的练习手段应该使快肌纤维选择性肥大、酶的活性选择性增强。这样，学生的肌肉收缩速度就会提高，力量也会增大。对于练习能否改变快肌纤维和慢肌纤维的比例，国际上一直存在两种不同的观点，即遗传与训练适应。尽管已有研究表明，肌纤维百分比组成的遗传度高达96.5%，但近几十年中，也有不少研究表明后天练习可改变肌纤维的百分比组成。我们认为，无论哪种观点是正确的，体育专业教师在对学生进行弹跳力素质练习时，应尽量避免使用发展慢肌纤维的手段。当然，在体育专业选材时，更应根据运动项目注意学生快慢肌纤维的组成比例。

有研究表明，人在用自己最大力量的20%～80%从事肌肉活动时，力量的增加是靠神经系统不断募集更多的运动单位实现的。神经生理学理论指出，在一切肌肉收缩过程中，运动单位是以一定的顺序进行收缩活动的。首先是小的、传导慢但易兴奋的运动神经元被动员起来，然后才是大的传导速度较快的运动神经元被动员起来。最大的快速收缩过程是根据大小原则发生的。原则上，运动单位只是在开始时通过活动彼此靠近，在一个动作中，这样的发生过程的速度快慢被称为肌肉内部协调性。肌肉内部协调性对运动练习实践具有重要意义，如果我们采用较小的负荷（是最大负荷的40%～50%）做7～10次跳跃练习，可以肯定，在选择性练习中，运动单位不会完全包括在收缩过程中，这种练习对于提高肌肉内部协调性是无益的。

同时，在长期的练习过程中，注重弹跳力练习中的技术改进，通过神经系统改善主动肌、协同肌、对抗肌间的相互协调关系，可以增大弹跳力量。特别是对抗肌的放松能力提高，可以显著地增加肌肉收缩的力量。在那些从助跑或连续跳开始的跳跃动作中，弹跳力来自于很快的拉长—缩短周期。

有实验证明，未经跳跃练习的受试者在完成跳跃练习的过程中，落地时会出现一个短期的抑制刺激，它可以减少肌腱系统的紧张状态，降低其弹性和负荷能力，以达到保护肌肉、让韧带和关节器官来承担极大负荷的目的。相反，在经过长期训练的学生跳跃中，其抑制刺激不明显。这表明，经常跳跃能适应高度积极活动的拉长—缩短周期节奏，且能不降低肌腱系统的收缩能力。所以说，通过那些有助跑或连续跳的跳跃练习，提高机体对快速拉长—缩短周期节奏的适应性，是发展弹跳力的重要因素。

总之，发展弹跳力素质练习的机理是：通过做大量适宜负荷的基本练习和跳跃练习，促进有关肌肉的横断面适当增大，并提高神经中枢系统发放高频率刺激的能力，选择性地发展快肌纤维，提高肌肉内部和外部的协调性，以及机体对有关动作中肌肉拉长—缩短周期节奏的适应性，来发展弹跳力素质。

三、弹跳力素质训练的分类和训练方法

（一）弹跳力素质训练手段的分类

为了提高实用性，并使广大体育教师在选用教材所提供的练习时具有更强的针对性，我们将发展弹跳力素质的训练手段分为四类，即发展最大力量的手段、发展高度跳跃能力的手段、发展远度跳跃能力的手段、发展反应力量型跳跃能力的跳深练习。

（二）发展弹跳力素质的训练方法

1.运用发展最大力量的手段

发展弹跳力素质的有关机理研究表明，发展所需最大力量的练习其负荷强度应尽可能达到极限，重复次数少。同时，我们还应注意到，发展弹跳力要求学生的力量能力与体重相适应，要避免过度发展肌肉横断面，并尽量通过增加中枢神经系统发放冲动的频率来提高最大力量。

进行这种训练有如下几点要求：（1）肌肉收缩要尽量做到爆发式完成；（2）每次肌肉收缩时都要重新准备；（3）避免超等长收缩的出现；（4）要求学生注意力高度集中；（5）不允许在疲劳状态下进行练习。

2.运用发展高度跳跃能力和远度跳跃能力的手段

在发展高度与远度跳跃能力时，第一，要注意通过跳跃的高度和远度，来控制练习的强度。练习强度一般都必须达到本人最大能力的80%以上。第二，应注重完成练习时的技术的合理性。第三，在准备期进行连续跳跃练习时，每一个练习与地面接触12次（即跳跃12次），再慢走回来，这样为一组。根据每个学生的状况，从2组动作训练开始，逐渐发展至4组或5组动作训练。在运动会比赛期间，则每次练习与地面接触次数要限制在6次以内，跳跃应表现得轻快。在此阶段，还应采用进行包括跳跃练习在内的复合跳跃练习。第四，为了提高学生的动作速度，在跳跃练习中还可采用单位距离的计时跳跃。

此外，在最初练习阶段必须强调如下几点：（1）在脚着地时，不应有激烈撞击动作，且应该以全脚掌完成扒地动作；（2）在跳跃的过程中，头与躯干要保持正直；（3）髋关节应正确保持在躯干的正下方；（4）手臂应前后摆或两臂同向摆。

3.运用发展反应力量型跳跃能力的跳深练习

跳深练习包括从高处跳下和立即向上或向前上反弹跳起两个环节。它是运用同一块肌肉在离心（拉长）收缩以后马上进行向心（缩短）收缩，其产生的力量比一般肌肉收缩大得多。运用这种方法能较好地发展弹跳力，是因为学生从高处跳下时，其机体肌肉要具备短暂紧张的能力，这种能力表现出的力量值可超过人体重量的20倍或更多。因此，跳深练习会在神经生理方面产生较大作用，每周最多可安排3次，且刚刚进行这项练习的学生要注意做到循序渐进。先打好一般力量训练的基础，并从准备期的后期开始安排，到运动会或比赛前10～14天停止这种练习。每位学生只有在掌握技术、运动器官能适应的情况下，才可进行这种练习。在练习时，为了避免不适感和创伤的出现，学生可以先下落到柔软的体操垫上，然后再过渡到其他地方。值得注意的是，在运用跳深练习进行弹跳力素质练习时，一定要加强医务监督。

控制跳深练习负荷强度的方法主要有两种：一是通过改变下落高度或负重，来改变在退让性收缩过程中制动身体动作的冲量。专家们建议练习高度的变化范围在 0.4～2.2 米，也有人认为，在 0.8～1.1 米的高度上进行跳深练习的效果最好，在 2～2.2 米的高度上进行无反弹跳深练习可以达到最佳的效果。在跳深练习中，由于每次重复动作时绝不能降低动作的速度，这就从根本上限制了负重值。一般条件下，跳深练习的负重值是自身体重的 3%～5%。二是通过加助跑或加快助跑，以及加大放腿时腿与地面的夹角，来缩短拉长—缩短周期中的必要时间，从而加大跳深练习的负荷强度。一般来讲，学生在高台上助跑 1～2 步完成从高处跳下的练习，当起跳脚落到起跳点位置上时，膝关节几乎是垂直的，支撑腿的膝关节弯曲角度一般为 38°～42°，过分的下蹲（超过 44°）会影响腿的伸展，而下蹲不到位又会使动作僵硬。

第二节　速度素质及其训练方法

速度是学生身体素质中一种重要素质。要掌握速度素质的训练方法和手段，首先要了解速度素质的内涵、外延和发展速度的机理、原则，这样才能了解速度训练方法、手段的科学依据，在实践中更好地应用，并能根据学生的不同需要及训练学原理创编出切实可行的新方法、新手段。

一、发展速度素质的意义

随着体育运动水平的迅速提高，近年来，各国优秀运动训练学专家在实践和理论上都越来越重视发展机体的速度素质。对于发展速度素质的重要意义，归纳起来主要有以下三点：

（一）速度对专项成绩起着决定性的作用

在竞技体育中，有些项目是直接以速度快慢来决定胜负的，如短跑、短距离游泳、自行车、划船、滑冰和滑雪等，比的就是运动员通过一定距离所用的时间和速度。还有许多项目虽然不是直接以速度快慢来定决定胜负的，但速度素质的好坏对专项成绩起着十分重要的作用。球类运动员在起动、带球、传球、扣球、堵、截、抢、断、进攻和防守等运动环节中，运动的速度比对方快，就能拥有主动权，给对方造成威胁，容易得分；对于拳击、击剑等项目，在比赛中要求运动员以快速的反应和敏捷的动作来击中对手，并躲避对方的袭击。在田径运动中，跳远、跳高比赛虽然比的是远度和高度，但助跑和起跳速度快慢直接影响远度和高度；标枪、铅球等投掷项目，运动员的出手速度也决定投掷的成绩。

（二）发展速度有利于其他身体素质的提高

速度素质与力量、灵敏和耐力等素质都有一定的关系。根据牛顿第二定律可知，力量与加速度成正比，力量越大，则肌肉收缩的速度就越快。耐力是通过较长距离保持一定速度的能力，或进行较长时间运动的能力，体育运动中的耐力实际上是一定速度的耐久能力，速度提高了，就能为耐力的发展提供更大的空间。机体的灵敏性与速度素质也有密切的关系，反应快，就会比别人做动作的速度快，其灵敏性也强，所以速度的提高有利于其他身体素质的发展。

（三）发展速度是完成高难度技术动作的基本条件之一

机体要在短时间内准确地完成高难度的复杂技术，必须具备很快的动作速度，否则就来不及把技术做好。例如体操、跳水、技巧等项目中的空翻转体技术，如果学生做动作的速度提高了，就能保证在空翻转体时按要求准确、充分地完成技术动作；对于撑竿跳高的空中过杆动作、球类的空中技术动作等，也都要求快速完成，否则就做不好技术动作。

二、速度素质的内涵和外延

对于速度素质的内涵和外延，在过去人们有着不同的认识，而现在已基本统一认识。

速度素质的内涵是指人体快速运动的能力。速度素质的外延包括反应速度、动作速度和位移速度。

反应速度是指人体对各种刺激发生反应的快慢，反应速度取决于刺激信号通过神经传导所需时间的长短。而反应又可分为简单反应和复杂反应。用一种事先规定好的动作对单一刺激信号作出反应称之为简单反应，如短跑运动员起跑时听到发令枪声音后的反应、起动等就是简单反应。复杂反应是对运动中客体的变化所作出的选择反应，如在球类运动比赛中运动员对对手或球的变化所作出的反应。乒乓球运动员能在0.15秒内根据对方的击球动作和击球声音迅速地判断来球的落点和旋转，立即进行相应的技术回击，就是良好的复杂反应速度的表现。

动作速度是指以人体或人体的一部分完成单个或成套动作时间的长短，如排球运动员的扣球速度、足球运动员的射门速度、跳高运动员的起跳速度，以及体操、武术专业学生完成整套动作的速度等。动作速度也可用频率，即单位时间内所完成的动作数量来衡量。

位移速度是指学生身体通过一定距离所用时间的长短。它也可用单位时间内所通过的距离来表示，如短距离游泳运动员的游进速度、跳远运动员的助跑速度、足球运动员的带球速度等。

构成速度素质的反应速度、动作速度和位移速度三者既有区别，又有联系，在发展速度时要进行全面考虑。当然，各国训练学专家和体育教师对速度外延的分类还有其他方法，但一般都采用上述分类法。

三、发展速度素质的机理

（一）供能系统

人体的运动能力在很大程度上取决于人体提供能量的能力。人体的快速运动能力，也与供能的能力有着密切的关系。人体共有磷酸原系统、乳酸能系统和有氧氧化系统三大供能系统。

1.磷酸原系统

磷酸原系统是由三磷酸腺苷（ATP）和磷酸肌酸（CP）组成的供能系统。ATP以最大功率输出供能可维持约2秒，CP以最大功率输出供能可维持3～5倍于ATP的时间。

人在剧烈运动时，CP 含量迅速下降，但 ATP 变化不大。此系统特点是供能总量少，持续时间短，功率输出最快，不需要氧气，不产生乳酸等物质。短跑、跳跃、举重等项目只能依靠此系统供能。

2.乳酸能系统

乳酸能系统是指糖原或葡萄糖在细胞浆内无氧分解生成乳酸过程中，再合成 ATP 的能量系统，由于最终产物是乳酸，所以称乳酸能系统。其特点是供能总量较磷酸原系统多，输出功率次之，不需要氧，产生乳酸。由于该系统产生乳酸，并扩散进入血液，所以血乳酸水平是衡量乳酸能系供能能力的一个最常用指标。乳酸是一种强酸，如果在体内聚积过多，当超过机体缓冲和耐受能力时，就会破坏机体内环境酸碱度的稳态，进而又会限制糖的无氧酵解，直接影响 ATP 的再合成，导致机体疲劳。

乳酸能系统供能的意义在于保证磷酸原系统最大供能后仍能维持数十秒的快速供能，以满足机体的需要。该系统是 1 分钟以内要求高功率输出运动的供能基础，专门的无氧训练可有效提高该系统的供能能力。

3.有氧氧化系统

有氧氧化系统是指糖、脂肪和蛋白质在细胞内彻底氧化成水和二氧化碳的过程中，再合成 ATP 的能量系统。从理论上分析，体内贮存的有氧氧化燃料，特别是脂肪，是不会耗尽的，所以该系统供能的最大容量可认为无限大。其特点是 ATP 生成总量很大，但速率很慢，需要氧的参与，不产生乳酸类的副产品。

在磷酸原供能系统、乳酸能供能系统和有氧氧化供能系统中，运动速度主要是依靠磷酸原系统供能，它是非乳酸的无氧代谢供能。在磷酸原系统中，ATP 是肌肉活动的直接能源，在运动开始时都是由它提供能量的，但其含量很少，只能供能 1～2 秒钟。这时 CP 能十分迅速地分解，释放能量供 ATP 再合成。然而，肌肉中 CP 的贮存量也是有限的，是 ATP 的 3～5 倍。因此，CP 的供能时间很短，一般认为可持续 5～8 秒，此后就需要乳酸能供能。而乳酸能供能时间也不长，一般为 30～60 秒，超过这个时间就要依靠有氧氧化供能系统提供能量。

（二）肌纤维

近年来，各国运动生理学家对人体肌纤维与运动的关系进行了深入研究，从快慢肌纤维的生理、生化和形态等特征方面，揭示了速度素质与肌肉纤维的密切关系，一致认为快肌纤维是机体速度素质的重要科学基础之一，快肌纤维的比例越高，发展速度的潜力就越大。

据国外专家研究证明，优秀的田径短跑运动员的快肌达到70%以上，慢肌仅占20%多，明显表现出快肌的优势；优秀的长跑运动员则相反，慢肌占70%左右；中跑运动员处于中间状态，快慢肌比例各占50%左右。对于游泳运动员的肌纤维类型，国外专家的研究结果表明，上肢三角肌、背阔肌及下肢股直肌的快肌纤维占60%左右。

足球、排球、网球，以及划艇、举重等项目运动员的肌纤维类型都接近中间型。排球运动员的快慢肌纤维分别为57.5%和43.5%，快肌稍多，近于中间型。足球运动员下肢肌快肌纤维占55%以上，快肌比例略高，虽也接近中间型，但个体间的差异很大。划艇运动员上下肢的快慢肌纤维趋向平均，慢肌纤维为53%~61.4%。举重是力量型的项目，运动员的快肌纤维比例略高一些。

（三）神经系统

国内外运动生理学和运动训练学专家认为，速度与机体神经系统的灵活性及反应时间也有密切的关系。

肌肉活动是受人体神经系统支配的。神经肌肉间的协调能力对动作的速度会产生很大的影响。因为各协同肌群之间，以及它们与对抗肌群之间的协调关系得到改善，就能减小因对抗肌群紧张而产生的阻力，从而更有利于速度的发挥。只有当有关神经的兴奋与抑制很快交替时，人体的动作才能获得很快的频率。例如跑步中的抬腿，当大腿屈肌中枢兴奋、屈肌群收缩时，在功能上与之相对抗的伸肌中枢相应抑制，使伸肌群松弛拉长，保证屈肌最大限度地收缩，当运动员伸腿时，伸肌中枢很快由抑制转为兴奋，做强力收缩，屈肌中枢立即由兴奋转为抑制肌肉拉长。如果神经系统不灵活、不协调，就会互相抵消力量，减慢动作速度。人体在运动时，不仅某个部位动作所涉及的神经—肌肉的协调和灵活性是重要的，而且不同部位动作的协调配合也很重要。例如，在游泳时，手臂与腿的活动速度不同，只有手腿动作协调配合，才能提高游泳的速度。

此外，机体神经系统的反应时间对速度也有重要作用，是影响速度的重要因素之一。反应时间可检验对刺激的反应能力，是指从对感受器官施加刺激开始，到肌肉产生收缩的一段时间，感受器官经传入神经元到中枢神经系统，然后通常经过中间神经元再到支配肌肉的运动神经元。这条传导通路越短，反应时间就越短。在需要迅速做出动作的运动中，反应时间短的运动员更容易获得成功。

科学研究还证明，身体不同部位和不同运动方向的反应时间是不同的。上肢反应较快，并不能保证下肢反应也较快。肢体在伸的时候能作出较快反应，并不见得其在屈的时候也能作出较快反应。

（四）身体形态

速度好的短距离运动员身材较高、较强壮，身高、体重都大于以耐力为主的长距离运动员，所以不少专家认为短距离游泳运动员大型化是发展的趋势。

手臂长有利于增加运动员的游泳速度。游泳是一项以上肢力量为主的运动项目，运动员的手臂长有利于增长划水路线和划步，提高划水效果。按照流体力学的原理，手臂长的人向后划水的截面积相对较大，因而手臂受到的水的阻力也相应加大，手臂就能获得较大的推进力量，加快前进的速度。

游泳运动员肩宽、骨盆小，有利于其游泳速度的发挥。因为这样的体型趋于流线型，在水中的阻力小、速度快。如果机体的骨盆较大，骨盆边上的水域就会出现旋涡，增加前进的阻力，影响游泳速度的提高。

游泳运动员的手较大，也有利于游泳速度的提高。因为手大的游泳运动员在划水时手对水的压力较大，其反作用力也较大，能更快地推动身体前进。

（五）心理素质

心理素质是影响速度的重要因素之一。具体地说，速度主要与以下四种心理素质有关系：

1.心理定向和注意力集中

每个人的心理定向和注意力集中与速度素质都密切相关。以短跑为例，在准备起跑时，可能有两个不同的心理定向：一是感觉的定向，表现为准备接收信号，即把注意力集中于发令的信号；二是运动的定向，表现为准备尽快开始运动，即把注意力集中于面临的运动动作上。

在妨碍注意力集中的条件下，运动员的反应时间就会增加。以噪声与全身反应的关系为例，80分贝以上的噪声会影响全身的反应速度，延长反应时间。

2.时间感

提高动作速度的一个心理学前提是善于精确区分微小的时间间隔。例如，短跑运动员要用 0.3 秒来完成起跑开始的第一步，而现在，有人提出要把这一步的时间缩短 0.1 秒。如果老师事先教会进行专项训练的学生辨别 0.3 秒与 0.2 秒的时间间隔，强化其时间感，那么学生在完成这个任务时，就会快一些、容易一些。

3.兴奋的程度和情绪的稳定性

学生保持适度的兴奋和稳定的情绪，能使速度优势得到充分发挥。过于兴奋或兴奋不够都会使神经系统不协调，限制速度的发挥。情绪不稳定会使心理失去平衡，引起冒冷汗、燥热、失眠、内分泌紊乱和肌肉发硬等生理变化，降低快速运动的能力。

4.意志力

学生的意志力也是速度的重要前提之一。尽可能高的速度，主要取决于最大意志力。由于在短跑练习时不能像举起一副很重杠铃或跳高那样，以杠铃重量、横杆高度对学生施加直接的外部刺激，许多学生难以将意志力调动到极限程度，因此在练习时，教师必须通过高要求来调动学习者的极大意志力。

（六）其他身体素质

在人体的各种身体素质中，速度素质不是孤立的，它与力量、柔韧、灵敏和协调等其他身体素质有着密切的联系，其中，最为密切的是力量和柔韧性。

力量会影响运动速度，力量越大，运动的速度也越快。在速度与力量的关系中，速度与爆发力的关系更为密切。爆发力含有功率这个物理因素，功率是指单位时间内所做的功，功率越大（在功率不变的条件下），做功的时间就越短，即做功的速度越快。在主要取决于很高的出发加速度或出色的冲刺能力的运动项目中（如短跑、短距离自行车、速滑和大多数球类项目），爆发力具有特别重要的意义。此外，爆发力也对动作频率（如自行车运动）和短跑中决定步长的蹬地力量产生重要影响。

在速度运动中，肌肉伸展主要取决于柔韧性，良好的柔韧性可以扩大动作幅度，使学生保持最佳长度的加速距离，减少对抗肌对速度的阻滞作用。此外，它对肌肉放松能力的作用也是不可忽视的。柔韧性提高，可以使力的作用位置更正确，延长作用时间，增加运动速度。因此，伸展练习对提高短跑速度有明显作用，但必须与力量练习紧密结合起来进行。

（七）运动技术

速度与运动技术也有密切的关系。学生在做动作时，其技术熟练且符合力学中有关速度的原理，就能使运动速度得到充分表现。否则，就会起相反作用。此外，良好的技术还可以使对抗肌群之间更为协调和放松，从而保证完成动作更省力、更协调，如在短跑大腿向前摆时，小腿向臀部方向摆动要充分折叠、贴近大腿。因为这时充分折叠的腿就像以髋为悬挂点的短钟摆一样，能以最快的速度向前上方摆动。优秀运动员的腿的前摆速度可达到 20 米/秒，几乎是短跑平均速度的两倍。

在做翻转动作时，要尽可能地增大身体转动的角速度。在做团身空翻时，要屈膝、屈髋、两手抱紧小腿；在做屈体空翻时，要屈髋、两手抱紧两腿，减少旋转半径，从而增大翻转速度。

四、发展速度素质的原则

（一）必须按照磷酸原供能系统的发展规律来安排速度练习

研究表明，为速度素质供能的磷酸原系统通过有针对性的科学练习是可以得到发展的，主要表现在增加 ATP 和 CP 的储存量，以及增强能量释放和转变过程中酶的活性上。从能量代谢的规律来看，要提高 ATP 和 CP 的贮量与代谢能力，安排的练习必须使 ATP 和 CP 达到最大消耗，而不过多动用肌糖原产生乳酸的无氧代谢过程，使血乳酸基本上维持在安静值范围内或略高于安静值。这种练习称之为无氧—低乳酸练习。

研究表明，在以极限强度运动 10 秒时，肌肉中的能源物质被消耗的主要是 ATP 和 CP，消耗量可达到 90% 以上，这个时间即为无氧—低乳酸练习的最适宜时间。而练习的间歇应使 ATP 和 CP 基本恢复，在下一次练习中能再利用 ATP 和 CP 供能，从而不断刺激 ATP 和 CP 供能系统而提高其供能能力。研究 10 秒、20 秒、30 秒间歇的结果表明，进行 10 秒极限强度练习后，间歇 10 秒和 20 秒都太短，只有间歇 30 秒以上，补充的氧足以消除运动时由 ATP 和 CP 消耗而产生的氧债，使之达到一个稳定状态，使 ATP 和 CP 得到良好的恢复，可以在较长时间内保持极限强度运动，而不动用肌糖原无氧代谢产生乳酸，是血乳酸上升的供能过程。根据这项研究，我们在练习中按照磷酸原系统供能能力的发展规律，就应当采用无氧—低乳酸训练。例如，在游泳练习中，可以比赛速度 95%的强度或以比赛平均速度，进行 12.5~25 米练习，间歇时间为 30 秒左右；在短跑练习中，可跑 30~60 米、60~100 米，强度为比赛速度的 95%~100%，间歇时间要长于 30 秒。

练习后人体的磷酸原供能系统是否得到加强、效果如何，可以通过血乳酸测定来评定，也可以通过对肌肉中 CP 的储存量测定来衡量。

（二）按照快肌纤维的发展规律来安排速度练习

快肌是速度素质重要的生理基础，在安排速度练习时，必须按照快肌纤维的发展规律进行，只有促使快肌纤维迅速增强，才能取得良好的训练效果。

研究表明，进行有针对性的科学练习，可使人体的快肌纤维明显增强，而这主要表现在以下三个方面：

1.通过长时间的练习，可使快肌纤维横断面积增大

进行不同性质的肌肉练习（速度或耐力），可引起肌纤维的选择性肥大。进行快速运动，可使快肌纤维横断面积增大，即肌纤维变粗，而肌纤维横断面积的大小是决定肌肉收缩力的重要因素之一。在短跑、跳跃、投掷和举重等运动项目中，学生练习的强度较大、速度较快、爆发力较强，所以他们的快肌纤维横断面积增加较多，慢肌纤维面积相对趋向缩小。

肌纤维增粗的原因，主要是通过练习可使肌原纤维中蛋白质的含量增加，特别是使肌球蛋白含量增多。也可以说，肌纤维增粗的机制是运动后蛋白质的超量恢复，而肌肉蛋白质出现超量恢复的时间比 ATP、CP 等出现超量恢复的时间要长。

2.通过练习使快肌纤维无氧代谢能力增强

快速运动练习，会使快肌纤维中无氧代谢酶类（包括 ATP 酶、磷酸肌酸激酶等）活性提高。如果进行 8 周短跑练习，肌纤维中 ATP 酶、磷酸肌酸激酶及乳酸脱氢酶、肌激酶等的活性，均随肌肉快速收缩的增加而提高，从而有效地提高了肌肉的无氧代谢能力。与此相反，长跑练习 5 个月后，快肌纤维中无氧代谢酶类活性未提高，而慢肌中有氧代谢的琥珀酸脱氢酶活性明显增强。

3.通过练习使肌纤维类型发生变化

对于练习能否促使快慢肌纤维转化的问题，学术界至今仍有较大分歧。有相当多的运动生理学家通过研究得出了人类肌纤维类型百分比组成是遗传的、不变的，不能通过

练习使两者相互转化的结论。

因此，要发展速度素质，加强快肌纤维是一个重要途径。研究表明，只有采用各种快速运动的练习，才能增加快肌纤维的横断面积，增强快肌纤维中无氧代谢酶类的活性，甚至在肌纤维比例组成上，促使其向有利于加强快肌纤维的方向转化。有些专家已证明，强度较大的快速力量练习有利于加强快肌纤维。要刺激快肌，使快肌纤维长粗，就要用本人最大力量的80%以上的重量进行强度较大的力量练习，才能收到较好的效果。而如果重量轻，就不能动员快肌纤维，只能动员慢肌纤维，但进行快速度的轻重量练习，也可动员到快肌纤维。

（三）速度练习必须与专项特点紧密结合

进行动作结构与专项不相同的练习，所获得的速度不会向专项转移，其原因是在快速动作、具体技术与植物性神经系统活动之间没有必然联系。在这里，快速动作仅仅是提高学生速度水平的前提条件，还需要通过专门练习把快速动作能力与具体项目所特有的运动性和植物性神经功能表现形式结合起来，根据项目特点和技术动作的要求，加强感受器官与运动器官的一致性。例如，进行短跑的起跑反应练习，应把听觉与双腿用力结合起来；进行球类运动的反应练习，应把目测与四肢运动结合起来；进行击剑与拳击运动练习，应把眼看对手运动与自己的手臂动作结合起来。这样，通过长期的反复的专门训练，既可以提高学生的反应速度和动作速度，又可使学生掌握正确的技术，而技术正确又能更好地发挥速度能力。

由于身体各部位的反应时间和运动时间各不相同，因此只有测定与比赛条件相同的动作和肢体运动，才能准确地判断学生的运动能力。要想直接提高身体的反应时间和运动时间，就应该练习该项目比赛中所需要的特殊动作，积极发展参与这些特殊动作的肌肉群的力量。

五、发展一般速度素质的方法和手段

（一）提高反应速度的练习方法和手段

反应速度练习包括简单反应速度练习和复杂反应速度练习。简单反应速度练习的特点是通过练习尽量缩短听、视等感觉—动作反应的时间；复杂反应速度练习的特点是尽量缩短视、听等感觉中枢分析、选择、判别动作反应的时间。

1. 简单反应速度的练习

（1）完整练习法。在训练时，可突然给出信号，要求学生听到（或看到）信号后尽快做出完整的技术动作（单个或组合）。例如，要求学生听到信号立即做完整的蹲踞式起跑动作，听到信号立即做游泳的完整起跳、出发动作。在重复做这类练习一个阶段后，就能实现学生对信号刺激作出反应的程序熟练化，缩短神经系统反射通路的传导时间，促使学生提高起跑或起跳速度。

（2）分解练习法。分解是指学生在接收信号后应答完整动作的分解。用这种方法练习反应速度，可降低动作难度，着重缩短视、听感觉到肌肉起动的时间。例如，学生在沙坑边练习时听到信号后蹬起跑器跃入沙坑，先单独练习对起跑信号的反应速度，再逐步过渡到完整的蹲踞式起跑反应练习。

（3）变换练习法。通过改变刺激信号或动作的练习，使学生集中注意力、提高神经的兴奋性和适应性，提高感觉灵敏性，缩短反应时间。例如，对游泳学生规定"听到枪声出发，听到哨声不要出发"，要求田径学生采取站立起跑姿势、听到信号起跑等。这种练习与前面的练习结合使用，会有更好的效果。

（4）运动感觉练习法。这是一种身体练习与心理练习相结合的练习方法。它可在人体接收信号反应的过程中，提高辨别微小时间差别的知觉（即速度感），来发展反应速度。其操作方法分三个步骤：首先，学生对信号作出反应（如起跑），并对每次反应时间作出主观判断，并告诉体育老师，体育老师再将实际反应时间告诉学生。通过多次练习，主观判断与实际时间之间的差距逐渐缩短。其次，在前面练习的基础上，要求学生控制好自己的反应时间。体育教师要求的反应时间可长一些，也可短一些。经过反复练习，可使学生学会控制自己的反应时间，达到与体育教师要求的时间误差在 0.01～0.02 秒的标准。最后，当学生学会控制反应时间后，再对他们进行加快反应速度练习，要求他们尽力缩短反应时间。

2. 复杂反应速度的练习

复杂反应速度是在信号刺激和应答动作都不固定的条件下的反应速度。在球类运动和一对一对抗项目中，复杂反应速度有着重要的意义和作用。复杂反应包含两种因素，一是学生对运动着的客体作出反应的速度，二是根据运动客体的情况选择并做出相应动作的反应速度。因此，我们可以通过发展这两种因素，来提高学生的复杂反应速度。

（1）发展对运动客体反应速度的练习方法。研究表明，完成整个复杂反应需要0.25～1秒，而其中大部分时间用于两眼观察运动的客体，判断其运动方向和速度，其他环节只需花0.05秒。因此，我们可采取对运动客体（如球）作出反应的专门练习形式，在练习中要求学生着重加快视觉观察物体运动的反应速度。

在这种专门练习中，我们可以用三种手段来增加练习难度，提高练习效果：①增加客体运动的速度和变化的突然性；②缩小场地面积，缩小球门；③增加运动的客体，如多球练习法。

（2）发展选择反应速度。对学生进行针对对手动作变化练习，选择相应的动作反应，其反应时间的长短对专项运动有重要的作用。对此，必须进行符合专项需要的专项练习，且要与教学、练习的进度密切配合。要让学生掌握对待对手不同情况的不同应答技术，并逐步熟练，进而形成正确的动力定型，随后再根据对手的动作变化，加快选择应答技术的专门练习。

此外，在发展选择速度的专门练习中，学生要逐步加强根据对手做动作前的准备姿势、表情和眼神等，来预测对手动作变化的预判断能力，这可以明显加快学生的选择反应速度。

练习反应速度的具体手段有以下方面：

听枪声或口令起跑：进行蹲踞式或站立式起跑20米练习。组数及每组次数根据学生水平而定，组间休息5～8分钟。

听口令做相反动作：听到教师说立正后，学生做稍息；听到教师说向左转后，学生做向右转等。

听信号起动加速跑：在慢跑中，听到信号后突然加速冲跑10米。反复练习。

小步跑、高抬腿跑接起动加速跑：做原地或行进间的小步跑或高抬腿跑，听到信号后突然加速冲跑10～20米。反复练习。

俯撑起跑：从俯撑开始，听到信号后迅速收腿起跑10～20米。

转身起跑：背对前进方向站立，听到信号后迅速转体180°，起动加速跑20米。

反应突变练习：学生听信号做移动、转身、急停、接球和上步垫球等模仿练习。

听信号做不同的专门练习：将专门练习编号，听编号做不同的练习。

接传不同方向的来球：几个人从不同方向给一个人供传球，一个人去接不同方向的来球。

抢接球练习：几个人排成一排，体育教师从身后向前方抛球，学生见球后快速起动抢接球。

截断球：体育教师供不同方向的球，学生随时起动断球。

追逐游戏：两队相距 2 米面向站立，体育教师规定哪队是单数、哪队是双数（或其他信号），听体育教师口令发出是单数、还是双数，按事先规定好的，一队跑一队追，在 15～20 米追上为胜，追不上则为败。

起动追拍：两人一组，二人前后相距 2～3 米慢跑，听到信号后开始加速跑，后者追前者，追上并拍击前者背部就停止动作，要求在 20 米内追上有效。也可在追赶时，教师发出第二个信号，让学生转身互换追赶角色。

抢球游戏：用实心球围成一个圆圈，球数比练习人数少。游戏开始后，学生绕球圈外慢跑，听到信号后各人就近抢球，没有抢到球者即被淘汰，然后去掉一球继续进行，每轮成功者得一分，得分多者为胜。

（二）提高动作速度的练习方法和手段

在动作练习中，动作速度涉及的面很广，其练习方法也很多，常用的练习效果比较好的方法有以下几种：

1.用降低难度、减小阻力的方法练习动作速度

例如，利用轻于标准重量的铅球、铁饼来做投掷动作，可加快动作速度。又如，用分解技术的专门练习，降低做动作的难度（如原地高抬腿、摆臂等），来提高某部分动作的速度。

2.用后效作用来发展速度，加重运动的阻力

学生在做超重动作练习后，会使神经中枢剩余兴奋在随后的标准练习中仍然表现出来，产生后效作用，加快动作的速度。例如，在推铅球之前，先用加重分量的铅球做练习，再减轻铅球重量，推标准铅球，这时会产生后效作用，缩短做动作的时间，提高动作速度。

3.反复用语言刺激学生加快做动作的速度

在练习前或练习过程中，体育教师可用语言要求学生以自己最快的速度去完成动作。这种语言要求会刺激学生的中枢神经，使之加快肌肉的传导速度，并集中注意力，发挥最大的意志力，把技术动作尽快完成。这样，通过长期的反复练习，也会取得提高学生动作速度的效果。

4.借助外力来提高动作速度

在练习过程中，体育教师可用自身或器材的力量，帮助学生加快完成动作的速度。例如，在体操技巧练习中，可借助教师的手或绷床等器材，帮助学生提高做空中翻转动作的速度。

5.改进、完善、熟练技术动作

由于技术动作的用力幅度、距离、时间、角度、部位、程序，以及各个用力部位的配合，都会对动作速度产生影响，因此不断改进、完善技术，使之符合运动生物力学的要求，并提高熟练程度，建立正确的动力定型，将明显地提高做动作的速度。

6.通过发展力量、柔韧等素质来提高动作速度

力量是速度的基础。发展快速力量（尤其是爆发力），可以直接推动动作速度的提高。发展柔韧性可以保持最佳的加速距离，减少对抗肌的阻滞作用，也有利于动作速度的提高。进行灵敏与协调性练习，可促进兴奋与抑制的快速转换、协调各用力部位，也能促进动作速度的提高。

动作速度练习的具体手段很多，举例如下：

短跑：利用转动跑道做高频跑。利用机械控制速度的转动跑道进行高频跑，频率比平时练习跑的频率稍微大一些。

跨栏一：肋木前攻栏练习。学生面对肋木站立，起跨腿蹬地的同时摆动腿快速前蹬，异侧臂前摆与摆动腿的脚掌同时落在横木上。要求学生在起跑时充分向前蹬地，不能离地，强调攻摆速度。

跨栏二：扶肋木跨栏角。在肋木前放置一个栏架，离肋木80～100厘米，学生面对肋木站立，手扶助木，躯干前倾，快速提拉，起跨腿从栏角过栏。要强调动作的正确性，提拉速度要快。

跳远：腾空劈腿。快速助跑3步起跳，腾空后摆动大腿至髋关节水平，然后积极下压，起跳腿同时向前上摆，两腿在空中快速交叉换步，以摆动腿落地。要求空中动作速度越快越好。

标枪：对墙掷棒球。运用掷标枪交叉步助跑，快速挥臂将球向墙上掷出。要求技术正确，出手速度快。

排球一：快速挥臂。学生站立，在其头上方悬吊重沙袋，做原地扣排球动作，快速挥臂拍击沙袋。

排球二：扣快球。一人在网前站立，按一定节奏往上抛球，另一人连续起跳，做扣快球练习。

篮球一：对墙单手拍球。学生持球对墙站立，对墙快速拍球，20～30秒为一次，要求在规定时间内数拍球次数，频率越大越好。

篮球二：快速传接球。两人相距6米站立，做快速胸前传接球。要求传接技术正确，传球速度越快越好。每组20～30秒，记录传球次数。

（三）提高位移速度的练习方法和手段

1.重复法

重复法，即以较快的速度多次重复短距离位移的练习。这是速度练习的基本方法，无论是短跑、游泳，还是自行车、球类项目，为提高位移速度，都经常采用这种方法。其强度掌握，可通过两种方法进行：一是循序渐进提高速度，直至达到最大速度，这种方式适合初学者或者在发展速度同时需要改进技术的学生；二是每次练习均以尽可能快的速度进行，这种方法主要适用于技术水平很高的学生。

2.间歇法

间歇法，即短距离间歇练习，可以有效地提高学生无氧代谢的供能能力，对发展位移速度有直接作用。但间歇时间要掌握好，要使运动后产生的疲劳感消除之后再跑，否则会变成速度耐力的练习。

3.加速法

加速法，即由静止开始，逐渐加速，直至最大速度地前进。这时，在快速移动中改进和保持技术动作尤为有益。

4.交替法

交替法，即变速法短距离快速练习与慢速练习交替进行。

5.辅助练习方法

（1）牵引跑。这是一种借助外力强制进行的快速位移运动。它能使神经中枢建立起快速运动的条件反射，还能使学生消除在心理上速度障碍，减少能量（ATP）的消耗，大大提高能量的利用率。有专家通过研究得出结论：牵引跑能使速度提高，主要是步长提高与支撑时间缩短的结果。

牵引跑的动力有多种方式，如用车辆、电动卷扬机、自行车，以及专用的牵引器等来牵引。此外，借助橡皮带进行水平牵引的方法，也经常用于超速跑的速度练习。

（2）下坡跑。这是发展位移速度的辅助手段之一，下坡跑可以改进快跑时的蹬地角度、躯干与大腿的角度、抬膝的动作，有利于发展动作速度和协调性。斜坡跑的倾斜度以 1°～ 3° 为宜，在斜坡跑道的终端，最好有一段水平跑道，有利于斜坡跑与平道跑的结合。

（3）上坡跑。这也是能有效提高跑速的辅助手段，上坡跑能增加身体前移的难度，迫使学生减小前倾角度、高抬摆动腿、缩小后蹬角度，可发展腿部力量、增大步幅、缩短跑步时间。但在训练安排中，应尽量做到与平道跑相结合。

（4）顺风跑或逆风跑。在顺风跑时，学生要积极加快步频；在逆风跑时，学生要注意抬腿。

6.具体手段举例

小步跑转加速跑：行进间快频率小步跑，转体后加速跑20～30米。要求起动快，在较高速度下完成练习。

高抬腿跑转加速跑：行进间快频率高抬腿跑，听信号后转体加速跑。要求高抬腿，动作规范，频率逐渐加快，加速跑时频率不变。

后蹬跑变加速跑：行进间后蹬跑20米，变加速跑20～30米。要求后蹬动作规范，用力方向向前，加速跑速度越快越好。

单足跳变加速跑：开始做10～15米单足跳，变加速跑20～30米。要求左右脚轮流做单足跳，加速跑要达到最快速度。

行进间跑：先做加速跑，在到达规定的行进间跑距离前达最快速度，在规定距离内保持最快速度跑，跑出规定距离后随惯性放松慢跑。行进间距离可20米、30米、50米、60米等，要求计时进行。

让距追赶跑：2～3人一组，根据速度水平前后拉开距离，听信号进行站立式起跑后全速跑，后者追赶前者，前者不让后者追上，跑30～60米。

接力跑：进行8×50米接力跑、4×100米接力跑、绕田径场连续循环接力跑、画20米半径的圆圈进行绕圆圈接力跑；或者两组学生相距30米或60米，做往返迎面接力跑。

跳远：按标记快速助跑。在助跑路线上放置全程标记或最后几步标记，学生踩踏标记快速助跑起跳。要求步点准确，发挥出最大速度。

跳高：快速弧线跑。沿背越式跳高助跑的弧线进行快速跑。要求两脚落点必须在弧线上，按弯道跑技术规格进行。

跨栏：栏间标记跑。按标准栏间距设 5 个栏架，栏间按步点放置海绵标记，快速按标记跨栏跑。要注意跑的节奏及过栏技术规范，栏为低栏。

乒乓球：摸球台移动跑。学生在乒乓球台边线站立，听到信号后左右来回移动，用手摸球台两角，也可根据体育教师的手势做左右移动。要求记录 30 秒完成的摸球台角次数。

排球：围球场变向跑。学生于排球场的场角站立，听到信号后，围绕球场快速跑 3～5 圈，计时。

足球一：变向带球跑。6 名队员站成一排，间隔 5 米，每人一球，根据体育教师的手势，向前后、左右变换方向带球跑，随后急停，转身带球跑 20 米。要求球离脚不能超过 3 米。

足球二：停球接带球跑。手持足球向前抛出，立即前跑，用脚内（外）侧停反弹球，接着做快速带球跑 30 米。要求规定抛球的远度，也可以竞赛的方式进行。

足球三：跑动推进传球。两人相距 7～10 米平行站立，用一个足球，按规定的脚法踢球，快速跑动推进传球 60 米。两人直线跑动，规定互传次数，计时进行。

篮球一：起跳冲跑。学生在篮下站立，听到信号后连续起跳、手摸篮板 5 次，后接冲刺跑到中线折回。要求起跳动作一气呵成，不得有停顿。

篮球二：全场防守冲刺跑。学生站在罚球线附近，随教师手势滑步移动，听信号后连续起跳 3 次，接着起动冲刺跑到另半场罚球线处，然后退跑返回。可规定一声哨音做起跳，二声哨音做冲刺跑。

篮球三：起动运球跑。学生背对球场在端线蹲立，手持篮球，听到信号后立即转身做全速运球跑，到中线后折回端线。要求起动速度快，运球速度快，球不得远离身体，也可计时进行。

7.速度练习的负荷安排方法

（1）练习的强度。要提高速度，必须采取次极限强度或极限强度练习方式。极限强度就是学生用自己最大的力量、最快的频率和最大的幅度，尽可能达到或超过自己迄今为止的最快速度。但采用这种高强度练习的前提是学生必须具有良好的技术。为了获得良好的技术，有时需要进行中等或中等以上强度的练习。

（2）速度练习的持续时间。最短的持续时间应是学生从起动至达到最快速度所需的时间。如果持续时间过短，未能达到最快速度，虽也可改善快速运动的能力，但不能最佳地发挥最快速度的作用。因此，一次速度练习最短的持续时间应不少于 5 秒。从以磷酸原系统为主的供能系统的特点考虑，一次速度练习的最长持续时间应不超过 20 秒，过长的持续时间有利于提高耐力而不能提高速度。

（3）速度练习的密度。在重复进行高强度的速度练习之后，应安排一定的休息时间，以确保学生能充分恢复体力，否则，便不可能继续重复高强度的速度练习。两次重复的强刺激之间的休息，可使乳酸水平降低、氧债消除。乳酸对速度练习有很大的限制作用，通常在刺激结束后 2～3 分钟达到最高水平。然而，也不能安排过长的休息时间，以免使神经系统的兴奋性过分下降，还得重进行准备活动。因此，每两次高强度的速度练习之间的休息时间一般以 4～6 分钟为好，如果采用较短的间歇安排方式，那么负荷的重复练习宜分组进行，每组做 2～4 次，组间应延长休息时间。

（4）高强度速度练习的次数。速度练习消耗的总能量虽然比耐力练习少，但在单位时间内，速度练习消耗能量要比耐力等其他练习多得多。学生在进行高强度的练习后很快就会感到疲劳，因此在一节练习课中，最大强度的速度练习重复次数应以 5～10 次为宜，在一周内以大强度的速度练习为主的练习课不要超过 4 次。

（5）速度练习在练习课中的顺序。由于神经处于最佳兴奋状态时的速度练习效果最好，因此速度练习一般应紧接在练习课的准备活动后进行，其间不要安排其他易疲劳的练习。如果在休息几天之后，或在小运动量练习之后安排速度练习课，则效果更佳。

8.消除速度障碍的方法

学生在经过较长时间的速度练习后，其速度已达到相当高的水平，但又停滞不前的现象被称为速度障碍。消除速度障碍的主要方法有四种：（1）改变常用的速度练习手段，采取一些新的方法手段，给学生以新的刺激，有利于学生突破已经形成的速度障碍；（2）利用自然条件或专用设备减小速度练习的阻力，促使学生加快速度，突破速度障碍；（3）跟着领先的同伴或专用设备进行速度练习，学生在用这种方法练习速度时，可使跑的最快速度提早出现，并使维持最快速度的时间增长；（4）在一段时间内少做常进行的主要速度练习，增加快速力量和其他的与身体素质有关的练习，以此打破原有的动力定型。

第三节　耐力素质及其训练方法

一、耐力素质概述

耐力素质是指有机体长时间工作时抗疲劳的能力。耐力表现为有机体完成某一强度负荷所能持续的时间。从事任何运动项目，都要求学生具有相应的耐力素质，对于那些必须具备高度发展的耐力的运动项目，发展耐力显得尤为重要。

疲劳是影响运动成绩的主要因素之一，如果学生不容易出现疲劳或在疲劳产生后能迅速恢复机能状态，就说明该学生有较好的耐力素质。学生的耐力取决于多种因素，如速度力量、肌肉成分、系统供能、有效完成动作的节能化、完成负荷时的心理状态，以及意志力等，这些都不同程度地对耐力素质产生影响。

从训练学的角度看，耐力可以分为一般耐力和专项耐力。

一般耐力是一种多肌群、多系统长时间工作的能力。无论专项特点如何，良好的专项耐力都将有助于各种形式的练习取得成功。但由于一般耐力是不同形式耐力的综合表现，对不同的项目来说，不同的项目特点决定了项目需要不同形式的耐力的综合，因此在进行一般耐力练习时，应充分考虑一般耐力与专项耐力之间的关系。

专项耐力是指学生有机体为取得专项成绩而最大限度地动员机体的能力与克服因专门负荷而产生的疲劳的能力。专项耐力取决于各专项运动的特点，学生在专项练习和比赛中都表现出这种能力。例如，为有效地发展力量耐力，教师可采取能使学生在体育课上承担主要负荷的肌肉达到更高要求的专项练习。

从生理学角度讲，耐力可分为心血管耐力和肌肉耐力。心血管耐力又包括有氧耐力、无氧耐力、有氧和无氧混合耐力。

有氧耐力是指有机体在氧气供应比较充分的情况下，坚持长时间工作的能力。评定有氧代谢能力的重要指标是最大吸氧量，它取决于心血管系统、呼吸系统及血液循环系统的功能。有氧耐力练习的目的在于提高学生机体运送氧气的能力，促进新陈代谢，为今后运动负荷的提高创造条件。

无氧耐力是指有机体在氧气供应不足的情况下，坚持长时间工作的能力。无氧耐力工作是机体长时间处于供氧不足的状态下进行的工作，所以无氧耐力练习的目的在于提高学生机体承受氧债的能力。无氧耐力又分为非乳酸供能无氧耐力和乳酸供能无氧耐力。无氧非乳酸能源是指肌肉中所含并在工作时又不断形成的高能磷酸化合物，它能使运动中的各器官在最短的时间内获得非常大的能量，但持续工作的时间较短。无氧乳酸能源是肌肉和肝脏中的糖原储备，与无氧非乳酸能源相比，它供应能量较慢，但持续时间要长得多。

有氧与无氧混合耐力是介于无氧供能耐力和有氧供能耐力之间的一种耐力。其特点是持续时间长于无氧耐力而短于有氧耐力，即血乳酸含量高于有氧阶段但低于无氧阶段。在练习中，也有人提出缺氧耐力的概念，其实质仍是无氧耐力，它是指在憋气等完全不呼吸的情况下，也即在极度缺氧的状态下所表现出来的长时间工作的能力。

二、耐力素质的练习

对于耐力素质的练习，可采用各种形式的中长跑来进行，如持续跑、变速跑、变换环境的越野跑、法特莱克跑、间歇跑等运动。此外，长时间周期性运动（如游泳、自行车、船等）、长时间重复的非周期性运动（如各种球类中不规则运动练习等）、各种长时间的游戏和循环练习等，都可以作为耐力练习的主要手段，但不同形式的耐力又有不同的练习要求。

（一）有氧耐力训练

在训练过程中，合理采用对呼吸系统和血液循环系统机能活动有积极要求的各种练习，均可增强学生的有氧耐力，这主要表现在最大耗氧量能力的提高上。提高学生有氧耐力能力，可取连续训练和间歇训练两种方法进行。

1.用连续训练法发展有氧耐力的练习安排

（1）负荷强度。由于有氧耐力训练主要应发展有氧供能系统的能力，因此连续训练负荷强度相对要小，可将心率控制在一定水平上，可使心血输出量增加，吸氧量可达到最大值的80%左右。

（2）负荷量。有氧耐力练习的负荷量以连续练习的距离或持续时间为指标。负荷量要尽可能地多，如连续跑可持续两个小时以上，至少也应持续半小时，只有这样，才能达到发展有氧耐力的目的。

（3）练习方式。有氧耐力的练习方式主要有匀速连续跑（心率可控制在 150 次/分左右，运动时间应在 1 小时以上）、越野跑（运动时间保持在 1.5～2 小时，速度可以适量变化）、变速跑（负荷强度可由低到高，心率控制在 130～150 次/分，最高为 170～180 次/分，运动时间应在半小时以上）。在练习中，采用连续法比采用间歇法对发展有氧耐力更有效，因为连续法能较稳定地提高有氧耐力水平。

2.用间歇训练法发展有氧耐力的练习安排

（1）负荷强度。间歇训练法所采用的强度要比连续训练法大，对于具有一定训练程度的学生来说，可使心率达到 170～180 次/分。只有以较大的强度进行训练，才能使运动后 10～30 秒的心脏每搏输出量得到增加，从而有效地提高心脏功能，达到有氧耐力练习的目的。如果练习强度过低，会使心脏每搏输出量减少，影响练习效果；如果练习强度过高，心室舒张，其血液充盈不足，使每搏输出量下降，也达不到练习的要求。

（2）负荷量。负荷量常用时间和距离两个指标来表示。时间指机体一次练习从开始到结束的时间，距离是机体位移的变化量。一次练习的时间负荷量和距离负荷量都不宜过大，如果一次练习的负荷量过大，则会导致机体的工作能力下降，不利于心脏功能的提高。

（3）持续时间。每次练习的时间不宜太长，但整个练习的持续时间应当尽可能地延长，至少保持半小时。这样，可提高机体大量利用组织中的氧气的能力，提高心脏的潜在功能。

（4）间歇时间。对间歇时间的基本要求是，在学生机体尚未完全恢复时就进行下一次练习，时间长短可依据心率的快慢而定。学生在休息时摄入大量氧气，可使整个练习过程的摄氧量保持在较高水平，使心脏每搏输出量也保持在一定水平，从而实现对学生的呼吸系统和心血管系统的不间断的刺激。

（5）休息方式。应多采用积极的休息方式，这因为轻微的活动或放松活动，对练习肌肉中的毛细血管起按摩作用，使血液回流心脏的量增加，再重新分配至全身，这样可使机体内积累的酸性物质快速排除，以利于下一次练习。

运用间歇训练法发展有氧耐力，可采取分段练习和连续间歇练习等方式进行。

（二）无氧耐力练习

无氧耐力的改善主要通过两种途径进行，一种是增强糖酵解能力（乳酸能力），另一种是提高肌肉中高能化合物的数量（非乳酸能力）。

1.乳酸供能无氧耐力训练

（1）负荷强度。应考虑在大量氧债条件下完成训练，练习的负荷强度比有氧耐力练习时要大，一般应达到80%～90%的练习强度，心率可达到180～190次/分，甚至还要高一些。

（2）负荷量。一次练习的持续时间和距离可稍长，练习的重复次数不宜过多，否则就不能保证必要的练习强度。练习的组数一般较多，并视学生的情况而定，对于练习水平相对较低者，练习的组数一般少一些，反之则多一些。确定练习组数的基本准则是，能使学生在最后一组练习时基本保持所规定的负荷强度。

（3）间歇时间。间歇时间有两种安排方式，一种是每次间歇的时间恒定不变，另一种是逐渐缩短间歇时间。采用逐渐缩短间歇时间的方式练习，可保证每次练习后学生机体的血乳酸含量达到较高值，这便成为下一次练习的机体乳酸的起点值，并使下一次练习时乳酸含量达到较高，从而达到练习的目的。但由于这种安排的练习密度较大，易使学生加重疲劳感，在练习时必须特别注意这一点。

（4）练习的组合。对于组合练习，可采取段落相等的练习方式，也可采取段落不等的练习方式。采取段落不等的组合练习，其顺序应从短距离开始，逐渐加长距离，这有利于血乳酸的堆积和练习成果的积累。

2.非乳酸供能无氧耐力练习

（1）负荷强度。可采取负荷强度达到95%以上的大强度练习方式，只有这样，才能保证学生机体运用CP能源物质，达到发展非乳酸供能无氧耐力的练习效果。

（2）负荷量。非乳酸供能无氧耐力练习的持续时间应为10秒左右或者更长一些，练习的重复次数可以多，但必须以不降低练习的强度为原则，练习的组数视学生的具体情况而定。

（3）间歇时间。具体安排方式有两种：一种是短段落间歇安排，如距离30～60米，间歇时间为1分钟左右，目的在于保证机体运用CP能源；另一种是较长段落长间歇安排，如距离100～150米，间歇时间为2分钟以上，目的在于保证机体CP能源物质通过休息得以恢复。练习的组间间歇时间则应当更长些，如休息5分钟以上，这样可使CP

得到恢复，以利于学生进行下一组练习。在组间间歇时，还可以做一些积极性的休息练习。

在确保耐力练习量的前提下，决定是进行有氧耐力练习，还是进行无氧耐力练习的主要因素在于负荷强度。负荷强度越大，有机体无氧代谢的比例就越大，反之则越小。因此，掌握、控制与调整练习负荷强度，是决定进行哪种耐力练习的关键。为达到良好的练习效果，可将三种间歇训练法配合使用：①持续 15 秒～2 分钟的短距离间歇练习，主要发展无氧耐力；②持续 2～8 分钟的中距离间歇练习，可发展两种供能系统；③持续 8～15 分钟的长距离间歇练习，主要发展有氧耐力。

三、耐力素质练习的基本要求

（一）注意呼吸问题

呼吸的作用在于有效摄取耐力练习时有机体所需的氧气。学生在进行中等负荷练习时，会出现每分钟耗氧量与供氧量不平衡的情况；在大负荷练习时，这种不平衡就更加明显。氧的摄取是通过提高呼吸频率和加深呼吸深度来实现的，在练习中应当培养学生以加深呼吸深度为主的供氧能力。同时，还应强调呼吸节奏与动作节奏配合的一致性，使呼吸与动作协调。

（二）以有氧耐力为基础

无氧耐力的提高，是建立在有氧耐力发展的基础上的，这是因为通过有氧耐力练习，使学生心脏容积增大，从而提高心脏每搏输出量，为无氧耐力的发展奠定基础。如果一开始就进行无氧耐力练习，会使心肌壁增厚，而每搏输出量难以增加，所以在进行无氧耐力练习之前或同时，应当安排有氧耐力的练习。

（三）考虑专项需要

不同的运动项目对耐力素质的要求是不同的，在练习时，必须根据项目的特点和需要选择适合的练习内容、方法和手段，以达到理想的练习效果。就同一项目而言，在练习周期的不同阶段，对耐力练习有不同的要求，多是按照一般耐力阶段、专项耐力基础阶段和专项耐力阶段划分，来进行练习的。

（四）注意培养意志品质

学生意志品质因素在耐力练习和耐力素质提高中具有十分重要的作用。意志品质坚强者比意志品质薄弱者的耐力要好得多，因此在耐力练习过程中，既要注意学生所能承受的生理负荷，又要重视对其进行意志品质培养，提高其心理承受能力。

（五）适当控制体重

在耐力练习的过程中，应根据项目需要，对学生的体重加以适当控制。如果人体肌肉中的脂肪过多，会增大肌肉阻力，摄氧量的相对值也会因体重的增大而下降。体重增加，能量消耗也会随之增加，其结果是影响耐力素质的发展。此外，一些项目对学生的体重有严格的要求，可通过长期的耐力练习降低学生体内脂肪的含量，以达到降低体重的效果。

第四节　柔韧素质及其训练方法

柔韧是一种重要的身体素质，几乎所有的运动项目对学生的柔韧素质都有一定的要求，如竞技体操、艺术体操、技巧、蹦床、跳水、花样滑冰、武术和散打等项目，对学生的柔韧素质都有相当高的要求。这是因为发展柔韧素质，不仅可以加大学生的动作幅度，使动作更加协调、优美，而且有利于增大动作的力量，加快动作的速度，减少受伤的可能性，对于提高运动技术水平具有极为重要的意义。

一、柔韧素质的概念及分类

（一）柔韧素质的概念

柔韧素质是人体各个关节的活动幅度，以及肌肉、肌腱和韧带等软组织伸展程度的表现。柔韧素质包括两方面的含义，一是关节活动幅度的大小，二是跨过关节的肌肉、肌腱、韧带等软组织的伸展性。跨过关节的肌肉、肌腱、韧带等软组织的伸展性，主要通过合理的训练来获得。

（二）柔韧性的分类

根据动作表现的特点，柔韧性可以分为一般柔韧性和专项柔韧性两种。一般柔韧性是指适应一般练习、保证一般练习顺利进行所需要的柔韧性。例如，球类练习者在进行速度练习时，加大步幅需要腿部具有良好的柔韧性；田径练习者在用杠铃进行深蹲练习时，所需要的是大腿后群肌肉的柔韧性。专项柔韧性是指专项运动技术所特殊需要的柔韧性。它建立在一般柔韧性的基础上，并由各个动作的生物学结构决定。例如，赛艇练习者需要具有良好的脊柱、肩和髋关节的柔韧性；速滑和赛跑练习者需要具有良好的髋、膝和踝关节的柔韧性；蝶泳练习者必须具有较大的肩和腰的活动幅度；体操练习者要完成各种器械练习，必须具有较大的肩、髋、腰和腿的活动幅度。只有当柔韧性发展到一定水平时，各关节的运动幅度才会超过有效完成比赛动作所要求的程度。而这种超出过程，就是柔韧性的储备过程。

根据练习的特点，柔韧性又有主动柔韧性和被动柔韧性之分。主动柔韧性是指练习者依靠自己身体的相应关节周围肌肉群的积极工作，完成动作的幅度所需要的柔韧性。学生在进行各种身体练习时，都要表现出这种能力。主动柔韧性不仅影响柔韧性的提高，而且还影响其力量素质的发展，力量素质的发展能促进主动柔韧性水平的提高。被动柔韧性是指在依靠外力时，关节完成动作的幅度所需要的柔韧性。被动柔韧性的指标通常高于主动柔韧性，被动柔韧性是发展主动柔韧的基础。

二、影响柔韧素质的主要因素

（一）肌肉、韧带组织的弹性

肌肉、韧带组织的弹性不仅取决于性别和年龄特征，而且还取决于中枢神经系统的兴奋性。在中枢神经系统的影响下，肌肉的弹性也会发生显著变化，例如在比赛中，情绪高涨时的柔韧性会增大。

（二）关节的骨结构和周围组织体积大小

关节的骨结构是影响柔韧性的最不易改变的因素之一，基本上由遗传决定。关节骨结构的先天性决定关节活动的范围，虽然练习可以使骨结构产生部分变化（如关节内软骨形态的变化），但这种变化只局限在关节骨结构所许可的范围内。关节周围组织体积的大小对关节活动有限制作用，它一方面受先天遗传的影响，另一方面也受后天练习的影响。经过练习后，这些关节周围组织体积增大，能够影响柔韧素质的发展，有些肌肉体积增大后就可影响其关节的活动幅度。

（三）神经系统兴奋与抑制过程转换的灵活性

神经系统兴奋与抑制过程转换的灵活性与运动中肌肉的基本张力有关，特别是中枢神经系统调节与对抗肌之间的协调性，对肌肉紧张和放松的调节能力有着重要的作用。由于神经系统兴奋与抑制转换过程对肌肉的随意放松能力起重要作用，因此与柔韧素质也有密切关系。研究证明，运动水平较高的学生的肌肉随意放松能力较强，这与中枢神经系统支配骨骼肌的神经细胞抑制度有关。

（四）心理紧张度

心理紧张度可通过中枢神经系统影响到有机体各部位的工作状况。心理紧张度过强、时间过长，会使神经系统由兴奋转为抑制，严重影响各部位的协调能力，从而影响柔韧性。

（五）外界的温度和一天内的时间

当外界温度在 18℃ 以上时，有利于机体柔韧性的表现；而在当外界温度 18℃ 以下时，则不利于机体柔韧性的表现。一天内的时间虽与外界温度有关，但更重要的是一天内有机体的机能状态影响着柔韧性的表现。例如，机体的柔韧性在人刚睡醒时较差，在早晨明显下降，而中午则要比早晨好。

（六）疲劳程度

在疲劳的情况下，柔韧性会有较大的变化。这时，主动柔韧性指标下降，被动柔韧性指标则提高。

此外，其他活动，如准备活动等充分与否、练习持续时间长短（如练习持续时间超过 1 小时或练习非常剧烈，均不利于表现柔韧性）等，对柔韧性也会产生明显的影响。

三、柔韧素质练习的基本原则

（一）要控制好柔韧素质的发展水平

在运动中，虽然专项练习对身体的柔韧性往往有较高的要求，但一般来说，没有必要使其发展水平达到最大限度，只要控制在保证顺利完成必要的动作，并有一定的柔韧性储备（即柔韧水平略超过完成动作时的最大限度）即可。过分发展柔韧性，会导致关节和韧带变形，影响关节结构的牢固性。从运动实践的需要来看，对柔韧素质的要求主要是柔而不软，韧而有劲。

（二）要兼顾有关联的部位

在有些动作中，柔韧性的表现不仅仅是某一个关节或某一个身体部位，而是牵涉到几个有关联的部位。例如，体操中的桥，就是由肩、脊柱、髋等部位的关节决定的，所以应对这几个部位都进行发展。如果其中某一个部位的柔韧性稍差，可立即采取措施使其得到改善。当然，也可通过其他部位柔韧性的有效发展使其得到补偿。

（三）要循序渐进、持之以恒

由于肌肉、韧带的伸展性并不是在短时间内就能得到提高的，因此练习时应逐步提高要求，做到循序渐进，不能急于求成。在同伴的帮助下进行被动性练习时更应谨慎，以避免肌肉、韧带拉伤。柔韧性发展较快，但停止练习后，肌肉、肌腱、韧带已获得的伸展能力消退得也快。所以，柔韧练习要做到系统化、经常化。

（四）要因项因人而异

柔韧练习必须根据项目特点和学生的具体情况安排。例如，跳跃项目的学生要有较好的腿部柔韧性和髋部柔韧性，游泳项目的学生要有较好的踝关节柔韧性和肩关节柔韧性，体操项目的学生要有较好的肩部、髋部、腰部和腿部的柔韧性。在练习时，必须根据不同的项目特点来确定重点。此外，每个学生的具体情况也不一样，在练习过程中应区别对待，这样才能收到良好的练习效果。

四、柔韧素质练习的方法和手段

柔韧素质练习的目的是提高跨过关节的肌肉、肌腱、韧带等软组织的伸展性。在关节一侧肌肉有力收缩的同时，其另一侧的肌肉被充分拉长，因此伸展能力的提高，主要还是力的拉伸作用的结果。

（一）柔韧素质练习的方法

柔韧素质练习的方法主要有两种，即主动性拉伸练习法和被动性拉伸练习法。这两种练习方法的特点都是在力的拉伸作用下，有节奏地逐渐加大动作幅度，多次重复同一动作练习，使软组织受到逐渐的或持续的被拉长的刺激。

1.主动性拉伸练习法

主动性拉伸练习法是依靠自己的力量，通过与某关节有关联的肌肉的主动收缩，来增强柔韧性的方法。它又可分为主动的动力拉伸练习法和主动的静力拉伸法练习两类。

（1）主动的动力拉伸练习法是指依靠自己的力量做动作，将肌肉、肌腱韧带等软组织拉长，以提高其伸展性的练习方法。根据完成动作的特点，可将其分为单一的和多次的动力拉伸练习（如两次以上重复的体前屈拉伸练习）、摆动的动力拉伸练习和固定的动力拉伸练习（固定支撑点的拉伸练习），以及负重的动力拉伸练习和不负重的动力拉伸练习。

（2）主动的静力拉伸练习法是指在保持最大动作幅度的情况下，依靠自身的肌肉力量保持静止姿势的练习方法，如艺术体操学生的把杆控腿、身体前后屈的静止动作等。

2.被动性拉伸练习法

被动性拉伸练习法是指依靠外力的作用，促使其柔韧性提高的方法。它又可分为被动的动力拉伸练习法和被动的静力拉伸练习法两类。

（1）被动的动力拉伸练习法是指借助于体育教师或同伴的力量来拉长韧带和肌肉的练习方法，如通过同伴的帮助逐渐提高腿的前摆或后摆的动作幅度。

（2）被动的静力拉伸练习法是指借助外力来保持固定姿势的练习方法，如依靠同伴的力量来保持体前屈的最大幅度。

被动性拉伸练习对于发展主动的柔韧性来说，要比主动性拉伸练习效果差一些，对被动的静力练习更是如此，但它却可以达到更大的被动柔韧性指标，而被动柔韧性的最大指标是主动柔韧性的基础。因此，在练习过程中，两者必须兼而有之，对那些柔韧素质要求极高的运动项目来说，被动性拉伸练习更是不可缺少的。

（二）柔韧素质练习的手段

发展柔韧素质的练习手段有很多，主要有徒手练习（包括单人徒手练习和双人徒手练习）和器械练习（包括肋木、体操凳、实心球、绳和倒立架等）两种形式。下面根据身体部位，简单介绍一些发展柔韧素质的练习动作和常用手段。

1.肩臂部练习

（1）压肩。手扶肋木成分腿立，体前屈向下振胸压肩，或两人面向成分腿立体前屈向下压肩；由同伴向下按压肩部，成屈体立撑。

（2）拉肩。二人背向站立，同时振胸拉肩或前后腿站立两肩上举，同伴在后，一只手扶其肩背，另一手握其两手做拉肩，或背向肋木自行练习；直角坐，臂上举，在同伴的帮助下做挺胸展腹拉肩；并腿坐体后撑，屈腿重心前移，用力拉肩；两臂后举扶齐胸高的肋木，下蹲做拉肩。

（3）转肩。二人面向互握，同时做向左或向右连续转体转肩练习；吊环、吊绳站立悬垂前后转肩；两手握棍或绳（同肩宽或宽于肩），两臂同时或依次直臂或屈臂做前后转肩。

（4）吊肩。在肋木、单杠或吊环上反吊悬垂。刚开始可以吊起时不动，以后可以稍加摆动，使肩部尽量放松拉开。

（5）转肩。

方法一：在单杠或吊环上收腹向后举腿，两腿从两臂间穿过，落下成后悬垂，再还原做正悬垂。要求后悬垂时沉肩放松到极限，也可以松一只手作悬垂转动，随后换另一只手做。要求在转动时肩由被动转动变为主动转动。

方法二：利用体操棍、竹竿、绳子、橡皮筋带等做转肩练习，随着灵活性的提高，两手间握距逐步缩短，要求两臂同时转。对于柔韧性较差的人来说，可以先采取两臂先后转肩，然后过渡到正式练习。要求练习时肩部放松，用主动练习与被动练习相结合的方法转肩。

（6）屈臂拉伸。

方法一：左手握抱住右手臂的肘关节，右手放置在左肩上。朝左肩方向作拉伸，直至肩和上臂部乃至背部感受到明显的牵拉为止，并保持30秒钟，然后慢慢地还原到开始姿势，以便重复练习。

方法二：用左手抓住右臂肘关节，右手置于颈后。向左后方向拉伸，直至上臂后部和肩上部感受到明显的牵拉为止，并保持 30 秒钟，然后慢慢地还原到开始牵拉的位置，以便重复练习。

方法三：坐地，两臂后伸撑地屈肘，然后尽力使两肘并拢。

2.胸背部练习

方法一：跪地，两臂前伸，弓背上抬，双肩做下振。直至感受到明显牵拉的姿势时，保持 30 秒钟，然后慢慢地还原成开始伸展的姿势，以便重复练习。

方法二：面对墙站立，两臂上举扶墙，抬头、挺胸、塌腰做振动练习。要求尽量下胸，幅度由小到大。

方法三：背对鞍马头站立，身体后仰，两手握环挺胸。要求充分伸臂、顶背、拉肩、挺胸。

方法四：胸部伸展，背对墙跪坐在离墙一臂远的地方。两臂于背后伸直，同时两手手指交叉在一起，掌心朝外。然后，手贴墙两臂向上抬，直至肩、胸部和上臂稍感不适为止，并保持 30 秒钟，然后慢慢地还原到开始时的位置。

方法五：背部慢速滚动，双手抱膝团身成坐姿，然后向后倒，背部着地，在垫上缓慢地来回滚动。

3.腰髋部练习

（1）髋部练习。

甩腰：做体前屈和体后屈的甩动动作。要求幅度由小到大，充分伸展背部和腹肌。

仰卧成桥：仰卧开始，两手撑地成桥。随着柔切性的提高，手和脚之间的距离要逐渐缩小。刚练习时，可由同伴帮助，逐步过渡到独立完成。在练习时，注意腿和臂尽量伸直。

身体侧屈：两脚与肩同宽、脚趾朝前成站立。右臂上举，左手支撑于腰部做左侧方向的体侧屈，并屈至身体左侧部感受到明显的牵拉为止。将这一姿势保持 30 秒钟，然后慢慢地还原成开始体侧屈的姿势，以重复练习。另一侧练习的方法相同。

腰髋侧部伸展：由伸卧姿势开始，右腿伸直，左臂侧举，头转向左侧，左腿屈膝成 90° 越过右腿，右手则于左大腿外侧做牵拉。当左腿部和髋侧部感受到明显的牵拉时，保持 30 秒钟，然后慢慢地还原成开始时的姿势，再换右腿练习。在练习时，注意两脚踝部要放松。

腰部扭转：由坐地开始，左腿屈膝跨过伸直的右腿。右臂屈肘紧贴左大腿外侧部，头部转向左侧，并从肩上方看去，以使上体朝左侧转动，直至感受到明显的牵拉为止，并保持 30 秒钟，然后慢慢地还原到开始时的姿势，再换右腿进行练习。

胯部伸展：开始姿势为仰卧屈膝，两脚跟靠拢，两手扶膝，膝盖主动外张，尽量放松，直至两腿内侧根部感受到明显的牵拉为止，并保持 30 秒钟，然后慢慢地还原成开始时的姿势。如此重复练习，注意呼吸和放松。

（2）腰部练习。

体前后屈。分腿坐，直臂前举，同伴在侧，一手扶背，另一手握臂，帮助做体前后屈；坐在横箱或马上，由同伴扶脚踝部帮助练习。

甩腰：手扶齐腰高把杆等物，做前后甩腰练习；背向齐腰高横箱或马，做前后甩腰练习；面向同伴站立臂上举，同伴分腿坐在跳箱盖上，两手扶其腰，做向后甩腰的练习。

桥：由同伴帮助下腰成桥；两脚开立，向后慢慢下腰，手撑垫成桥。

4.下肢

（1）腿部练习。腿部的柔韧练习，主要发展腿部前侧肌群的伸展能力，对髋、膝、踝关节的灵活性具有相当重要的作用。

压脚背：跪坐，手两侧撑垫，膝离垫，体后倒压脚背；俯撑脚背触垫，尽量提臀屈体，重心后移至脚掌上，用力压脚背。

压腿：正压腿，前举腿比腰稍高，放于把杆上，上体挺胸下压，支撑腿要直，两脚尖正对前方；侧压腿，与正压腿方法相同，但支撑腿脚尖外转，上体不得前倾后仰；后压腿，同正压腿，也可由同伴肩扛后，举腿顶压。

踢腿：前踢腿，上体正直；侧踢腿，双肩要正，不撅臀、不扣髋；后踢腿，后踢时，上体配合后仰。

劈腿：脚放高处的劈腿。

控腿：前控腿，直腿均匀用力抬起，停在前举部位；侧控腿，上体正直，抬起的腿对准体侧；后控腿，上体保持正直，后举腿的髋不得外转。

（2）股四头肌的伸展。

方法一：左侧卧，左手掌撑地或托住头，用右手牵拉右腿踝部慢慢地朝右臀后方伸展，直至感受到明显的牵拉为止，并保持 30 秒钟，然后慢慢地还原成开始时的姿势，以便重复练习。右侧卧练习的方法相同。

方法二：跪地姿势，上体慢慢地后仰，髋部前挺，两肩朝足跟部方向靠近，使股四头肌感受到明显的牵拉，并保持 10～30 秒钟。

方法三：肩靠墙，左腿单脚站立，右手扶墙，右腿屈膝向后，左手握住右脚背，用力上提。要求上体稍后仰，收腹挺髋。

（3）股后肌群伸展。

方法一：靠墙直立，帮助者以肩扛住练习者的左腿，然后慢慢上抬。当把该腿抬至最大伸展度时，保持 30 秒钟。应注意避免抬腿过高导致的背部和支撑腿的代偿性动作。要求练习者始终要保持两腿伸直。

方法二：两腿并拢伸直，体前屈，两手掌触地或两臂抱于小腿后侧，静止 10 秒钟。要求胸贴大腿，不屈膝。

方法三：坐垫子上，两腿伸直，同伴扶背助力下压，还可将两腿垫高，加大难度。注意下压一定时间后，再做静止抱腿。

方法四：分腿站立，体前屈，两臂置于两腿之间，上体做连续的弹动。在上体弹动时，注意两臂尽量向腿后伸。

方法五：学生坐地，两腿分开搁于 30～40 厘米高的长凳上，教师两手按其肩背下压。要求两膝伸直，挺胸抬头。

此外，腿部的柔韧练习，通常还可以采取学生自身用力的主动伸展和利用他人帮助的被动伸展等方式来进行。

5.脚踝关节练习

增强踝关节的柔韧性，有利于提高弹跳力。因此，小腿腓肠肌、比目鱼肌，以及跟腱的韧带要经常拉伸，使其收缩更有力量。此外，对于体操和跳水等技能类项目来说，踝关节练习还能使动作姿态更加优美。

（1）腓肠肌与跟腱伸展。

方法一：面对墙，右腿在前支撑，两手扶墙，髋部前挺，左膝用力蹬直，至左腿腓肠肌部和跟腱感受到明显的牵拉为止，并保持 30 秒钟，然后慢慢地还原成开始时姿势。右腿练习相同。

方法二：学生面向内，以双脚的前脚掌站立在垫子的边缘上，下蹲，两手扶地，然后两腿膝关节逐渐用力伸直，同时双脚的脚后跟用力下压，当下压到最低位置时，保持片刻。

（2）足背伸展。跪坐在垫子上，利用体重前后移动压足背；也可将足尖部垫高，臀部后坐；还可使上体慢慢后仰，双膝高地，保持 10 秒钟左右。

6.手臂和腕关节练习

（1）腕部伸展。左（右）手的掌心抵住右（左）手指做伸压；左右手五指交互握，连续推压，使腕关节做屈伸动作，腕部伸展；手指撑在平台边缘处，然后朝地面方向逐渐推压腕部，直至受阻为止，并保持 10～30 秒钟。

（2）手臂伸展。

方法一：双手和膝盖撑地，拇指转向外侧，挺胸后仰，直至腕部和小臂感受到明显的牵拉为止，并保持 30 秒钟，然后慢慢地还原成开始后仰的姿势，以便重复练习。

方法二：两手掌交指互握，一边吸气，一边两臂向前伸展，直至感受到明显的牵拉为止，并保持 30 秒钟。随后，一边呼气，一边慢慢地还原成开始时的姿势，以便重复练习。

五、柔韧素质练习的安排

（一）柔韧素质练习与力量练习相结合

进行过专门柔韧性练习的肌肉能减少运动时的阻力，而且其进行运动所需的能量也较少，有利于提高学生的速度。人们对含有柔韧练习和力量练习内容的短跑练习计划与不包括这些练习内容的短跑练习计划相比较，发现按前计划执行的学生的跑速提高明显。但是，只包括柔韧练习内容而不进行力量练习，或只包括力量练习内容而不进行柔韧练习的练习计划，就没有这样的效果。

正确地进行力量练习，一般来讲，柔韧性的发展不会受阻。只有当一个人在不允许关节做大范围运动，而仅在局部范围始终如一地练习某一块肌肉或某一群肌肉时，肌肉的伸展性才会受到限制，从而导致其肌肉的结缔组织为适应这种伸展的范围而缩短。因此，应让关节做大范围运动的力量练习，采用多功能力量练习器练习的学生更应注意这一点。当然，柔韧练习的方法和内容必须符合本专项的特性。

（二）柔韧素质练习的强度

柔韧素质练习强度主要反映在动作频率、用力大小和所负重量三方面。动作频率不宜过快，应主要采用中等或较慢的频率，因为中等和较慢的频率能延长力对关节的作用时间，避免肌肉和韧带拉伤。例如，在借助外力进行被动性练习时，用力程度应逐渐加大，一般是以学生的主观感觉为依据，当学生感到肌肉酸胀时应适当减少用力，当感到肌肉疼痛时应停止练习。又如，在进行负重练习发展柔韧性时，学生的负重量一般不能超过被拉长肌肉力量能力所能达到的 55%。负重量的大小取决于练习性质，在完成静力拉伸的慢动作时，负重量可相对大一些，在完成动力性摆动动作时，负重量应小些。总之，柔韧练习宜采用中等强度进行，强度过大、过猛均容易造成拉伤，强度过小则不易达到良好的效果。

（三）柔韧素质练习的重复次数

练习重复次数应根据学生的年龄、性别、项目特点，以及不同练习阶段（如发展柔韧性阶段、保持柔韧性阶段）的任务进行安排。成年学生一次课堂的练习重复次数是少年学生（12～14 岁）的 1.5～2 倍，女子的重复次数应比男子少 10%～15%。对于静力性拉伸练习，其停留的固定时间可控制在 15～30 秒。

（四）柔韧素质练习的间歇时间

柔韧素质练习的间歇时间往往取决于练习的性质、动作的持续时间和参与工作的肌肉数量，一般控制在 10 秒～3 分钟。确定间歇时间的基本原则是保证学生在完全恢复的条件下去进行下一次练习。间歇时间一般不能太长，否则会减少关节的活动性，降低练习效果。在间歇时，可安排一些肌肉放松练习或自我按摩练习，以便下一次练习能收到更好的练习效果。

第五节　灵敏素质及其训练方法

灵敏素质是人体综合能力的反映，受遗传因素的影响很大。为了提高灵敏素质，教师应尽可能采取逐渐增加复杂程度的练习方式，可以通过改变条件、器械、器材等方式，增加技术动作的复杂性和难度。同时，还应着重培养和提高学生掌握动作的能力、反应能力、平衡能力、观察能力和节奏感等。球类、武术、拳击、摔跤、击剑、体操和散打等项目，都要求学生具有在时空急剧变化的条件下，迅速地对动作作出准确的判断，并改变身体或身体某部位运动方向的能力，而灵敏素质恰是这种能力的基础。因此，学生灵敏素质的练习和提高，在体育运动中具有重要的意义。

一、灵敏素质概述

灵敏素质是指在各种突然变换的条件下，快速、协调、准确地完成动作的能力。它是学生的运动技能和各种身体素质在运动过程中的综合表现。灵敏素质可分为一般灵敏素质与专项灵敏素质。一般灵敏素质是指在各种运动中，在各种突然变换的条件下，迅速、合理、准确地完成各种动作的能力，它是专项灵敏素质发展的基础。专项灵敏素质是指在专项运动中，迅速、准确、协调地完成专项运动各种动作的能力。它是在一般灵敏素质的基础上，进行多年专门练习的结果。

灵敏素质的发展水平，主要从三个方面来衡量：（1）是否具有快速的反应、判断和应答（躲闪、转身、翻转、维持平衡等）能力；（2）在运动中，是否能自如地操纵自己的身体，在任何不同的条件下都能准确、熟练地完成动作；（3）是否能把力量、速度、耐力、柔韧和协调性，以及节奏感等素质和技能，通过熟练的动作表现出来。

不同的运动项目对灵敏素质有不同的要求。例如，球类和一些对抗性项目要求学生具有反应、判断和随机应变等方面的灵敏素质；体操、跳水等项目需要学生有身体位置迅速改变及空中翻转方面的灵敏素质；滑雪、滑冰等项目需要学生有迅速调整身体位置平衡、改变运动方向等方面的灵敏素质。

二、影响灵敏素质的因素

（一）神经活动过程的灵活性

灵敏素质是在极其巩固的运动技能基础上表现出来的，它在大脑皮层分析综合能力高度发展的情况下才能体现。因此，学习每一个动作都必须按一定的顺序进行，这样，大脑皮层根据动作难易程度给予的刺激按一定顺序正确地反映出来，并经过多次重复，最后形成熟练动作。反复练习，可使技术动作熟练化、自动化，使大脑神经活动过程兴奋和抑制的转换能力加强，提高大脑神经活动过程的灵活性，从而达到在任何环境中都能把技术动作熟练地表现出来的水平。

（二）条件反射形成后的强化

学生在掌握技术动作之后，还必须反复练习，不断强化，使之形成动力定型。因为条件反射形成后，如果不予以强化，暂时神经联系就会中断，条件反射就会消退，灵活性也会降低。

（三）前庭分析器官机能

前庭分析器官对空翻、转体和平衡等类动作灵敏性的提高有很大作用。前庭分析器官包括耳石装置和三个半规管。三个半规管在耳内互相垂直，当身体向任何方向旋转时，都能接受刺激。在做横轴向前或后翻转时，纵面内的半规管（上半规管）起主要作用；在围绕纵轴转体时，水平面的半规管（外半规管）起主要作用；在做矢状轴翻转时，横面内的半规管（后半规管）起主要作用；在做空翻转体时，要求三个半规管的转换能力都要强。在翻转时，在前庭分析器官的作用下，学生能感觉身体在空间位置上的变化，协助各种反射来调节肌紧张，从而完成翻转动作。体操、跳水和蹦床等项目练习能有效地改善前庭分析器官的机能，因此可以用这些项目的一些特定动作改进前庭分析器官的机能，发展灵敏素质。

（四）智力发展水平和思维能力

良好的智力发展和敏捷的思维能力对学生的灵敏素质有重要影响。在练习中，各种运动技术和运动技能的灵活应用、战术思想的灵感和具体实施、大脑神经活动过程兴奋与抑制的转换程度及快速工作能力等，均取决于良好的智力发展水平和敏捷的思维判断能力。

（五）感觉器官

运动分析器官与本体感受器官（运动感受器官）的灵活性与准确性，以及肌肉收缩的协调性与节奏感，是影响灵敏素质的重要因素。通过多年的系统练习，可使上述能力得到全面提高。

（六）提高身体素质发展水平

灵敏素质是机体力量、速度、耐力、柔韧，以及协调性等运动能力的综合表现。上述的运动能力与灵敏素质有密切关系，其中的任何一种能力较差，都会影响灵敏素质的提高。

（七）运动经验

长期学习各种运动技能和技术动作，可以丰富学生的运动实践经验，增加运动素质和技术动作储备，从而促进灵敏素质不断提高。

三、灵敏素质练习的基本原则

（一）练习手段多样化

灵敏质素的发展与各种分析器官和运动器官机能的改善有密切的关系。学生能否在运动中表现出准确的定向、定时能力和准确、迅速地变换动作的能力，都取决于各种分析器官和运动器官的功能。学生对某个练习手段的动作熟练到自动化程度时，再用该手段去发展灵敏素质的意义就不大了。因此，采用多种多样并经常变换的手段发展灵敏素质，可以提高学生各种分析器官和运动器官的机能，有利于灵敏素质的发展。

（二）要掌握大量的动作技能

灵敏素质只有在动作技能掌握熟练后，才能表现出来。动作技能的动力定型建立的数量越多，动作越熟练，做出的动作也就越灵活。因此，在练习中应反复练习，尽快建立正确的条件反射和动力定型，通过掌握大量的动作技能来促进灵敏素质的发展，提高学生的适应能力。由于灵敏素质是人体综合能力的表现，所以发展灵敏素质必须从培养学生的各种能力入手。在练习中，应广泛采用发展其他运动素质的方法来发展灵敏素质，培养学生掌握动作的能力、反应能力和平衡能力。

（三）必须结合专项特点

灵敏素质具有专项化的特点。例如，一名体操运动员在专项练习中能表现出良好的灵敏素质和协调性，但在球类练习中就不一定也能表现出来。因此，在练习中，应根据学生所从事的专项要求和特点，采用不同的练习手段，使练习效果与专项要求相一致。例如，体操和技巧等项目的学生可多做一些移动身体方位的练习，球类项目的学生可多做一些脚步移动的躲闪练习，拳击和散打项目的学生则可多做一些上体快速晃动和避让练习。

（四）合理安排练习时间

进行灵敏素质练习，在整个练习过程中都应适当安排，使之系统化。但练习时间不宜过长，练习重复次数不宜过多。因为在机体疲劳时力量水平会下降，速度将减慢，节奏感和平衡能力会降低，不利于灵敏素质的发展。

（五）消除紧张心理

在进行灵敏素质练习时，要采用各种有效的方法与手段，消除学生的紧张心理和恐惧心理。因为在心理紧张时，会反应迟钝，动作的协调性下降，影响练习效果。

四、灵敏素质练习的方法

灵敏素质是人体综合能力的反映，受遗传因素的影响很大，在进行练习选材时就应注意到这一点。为了提高灵敏素质，从少年学生时期开始，就应学习和掌握大量的动作技能。因为在这一时期，机体神经系统的可塑性远远高于成年时期，有利于充分发展灵敏素质。已有的研究指出，学生应不断学习本专项和其他专项的新技能，否则其灵敏性和协调能力就有可能下降。

概括起来，发展灵敏素质的主要方法有以下几种：

（1）以异侧肢体或非常规姿势完成动作，如右侧动作换成左侧动作、各种侧向跳和倒退跳远；

（2）限制完成动作的空间，如缩小练习范围或场地；

（3）改变完成动作的频率、方向和节奏等练习，如采用各种快速改变方向、停止和转体的练习；

（4）改变技术环节或动作，如采用专门设计的复杂多变的练习；

（5）通过增加辅助动作提高练习难度，如改变器械或提高做动作的要求等；

（6）增加练习同伴的对抗能力或阻力，如增加对方人数或加大本方获胜的难度；

（7）制造非常规练习条件，如改变练习场地和环境条件等；

（8）在跑、跳中做迅速改变方向的各种跑、躲闪、突然起动，以及各种快速急停和迅速转体练习等；

（9）做各种调整身体方位的练习；

（10）做专门设计的各种复杂多变的练习，进行由"之字跑""躲闪跑""穿梭跑"和"立卧撑"四项组成的综合性练习，即以非常规姿势完成的练习，如侧向或倒退跳远、跳深等；限制完成动作的空间练习，如在缩小的球类运动场地进行练习；改变完成动作的速度或速率的练习，如变换动作频率或逐步增加动作频率；做各种变换方向的追逐性游戏和对各种信号作出应答反应的游戏等。

第六节　力量素质及其训练方法

一、力量素质概述

力量素质的提高是肌肉功能改善的结果，主要表现为白肌中 ATP、CP、酶的活性得以提高，从而使肌肉收缩速度加快，力量加大，肌纤维增粗，肌肉横截面积增大，肌肉弹性提高，使肌肉长度相对活动范围加大，在神经系统的支配下肌肉协调能力增强等。

最大力量的发挥，主要取决于三个因素，即肌肉潜力、发挥肌肉潜力的能力及技术。仅就力量练习而言，最大力量增大的途径有两种：一是依靠肌肉协调能力的改善，即通过提高中枢神经系统对肌肉的支配调节能力，来动员更多的运动单位参加工作，提高肌纤维收缩的同步化程度，提高肌群之间的协调性；二是通过增大肌肉体积或提高肌肉质量，来增加肌肉的收缩力量。

二、力量素质练习的基本因素

发展最大力量常采用负重抗阻练习，其基本练习因素包括负荷强度、负荷量与动作方式。

（一）负荷强度

最大力量练习时的负荷强度以负荷重量为标准，采用本人最大负重量三分之二以上的负荷至极限负荷，不能低于中负荷。负荷强度小，参加工作的运动单位少，并交替工作，不利于刺激更多的运动单位同时工作，且肌肉中红肌纤维参加工作的成分增加，也不利于最大力量的增长。在使用大强度进行最大力量练习时，应注意以下两个方面：

1.练习应有一个准备过程

练习应有一个准备过程，负荷强度应逐渐增大，使机体获得肌纤维增粗与肌肉体积增大的练习效果。

2.在大负荷强度练习中适当安排极限负荷强度练习

在大负荷强度练习中适当安排极限负荷强度练习，使机体中枢神经系统产生强烈的神经冲动，能动员更多的运动单位参加工作，提高肌纤维工作同步化程度，并提高心理适应能力。

（二）负荷量

负荷强度与练习的重复次数有直接关系，负荷强度越大，重复的次数相应就越少，反之越多。练习的组数也是影响最大力量练习效果的因素之一，组数多用于调整练习的总负荷。练习组数的确定要因人而异，以不降低每组练习的重复次数为宜。练习的持续时间可根据练习目的来确定，如果是通过增大肌肉体积来发展最大力量，动作的速度可适当放慢，每一个动作的保持时间可以稍长。如果是通过改善协调功能来发展最大力量，动作的速度可适当加快，每个动作可在控制的时间内完成。最大力量练习总的要求是：动作速度不宜太快，因为动作速度过快会使学生利用惯性克服阻力，从而降低练习效果；动作过快还会使学生把注意力集中在完成动作上，降低神经系统对肌肉的支配调节能力，不利于最大力量的发展。

在间歇时间方面，如果是通过提高肌肉协调能力来发展最大力量，每组间歇时间可稍长一些，使机体在承受大负荷强度之后有足够的休息时间；如果是通过增大肌肉体积来发展最大力量，各组之间的间歇时间应相对缩短。间歇时间的确定，还应看参与工作的肌肉数量的多少，如果是局部肌肉参与工作，间歇时间可短些，反之可长些。组间休息可让学生做一些轻微的活动或放松性练习，以消除肌肉的紧张状态，其总体要求是，应在上一组练习所产生的疲劳基本消除后再进行下一组练习。

（三）动作方式

动力性、静力性和等动性等肌肉工作方式均可用于发展最大力量。常用的发展最大力量的方法有持续不断的重复用力、最大限度的短促用力、极限强度的练习、极端用力，以及电刺激等。此外，还可以通过有效增大肌肉横断面积和发展最大意志紧张能力，来提高最大力量。

由于最大力量练习要求大负荷或极限负荷，机体承受着极高的紧张程度，因此练习安排应交替使用各肌群，以利于机体承受更大的负荷，并使肌肉疲劳得到恢复。

三、力量素质练习的手段和方法

现代运动训练的一个十分重要的特点是训练方法、训练手段和训练方式越来越多样化。教师或学生只有熟悉、掌握这些方法和手段，并且能结合训练实际及个体差异，有针对性地、合理地运用，才有可能获得事半功倍的效果。

（一）力量素质练习的基本手段

虽然各种不同的力量素质均有其各自的练习手段，但力量素质训练也有一些共同的练习形式，现归纳如下：

1.负重抗阻力练习

负重抗阻力练习可作用于机体的任何一个部位的肌肉群。这种练习主要依靠负荷重量和练习的重复次数，刺激机体发展力量素质。负重抗阻力练习的方式多种多样，负荷的重量及练习的重复次数可随时调整，它是身体素质练习中常用的一种手段。

2.对抗性练习

对抗性练习的双方力量相当，依靠对方不同肌肉群的互相对抗，以短暂的静力性等长收缩来发展力量素质。对抗性练习几乎不需要任何器械及设备，也容易引起学生的兴趣。

3.克服弹性物体阻力的练习

克服弹性物体阻力的练习是依靠弹性物体变形而产生阻力发展力量素质，如使用弹簧拉力器、拉橡皮带等。

4.利用外部环境阻力的练习

利用外部环境阻力进行的练习，如在沙地、深雪地、草地、水中的跑和跳等。做这种练习要求轻快用力，所用力量往往在动作结束时较大。

5.克服自身体重的练习

克服自身体重的练习主要是由人体四肢的远端支撑完成，迫使机体的局部部位来承受体重，促使该局部部位的力量得到发展，如引体向上倒立推进和纵跳等。

6.利用特制的力量练习器的练习

利用特制的力量练习器进行练习，可以使学生的身体处在各种不同的姿势（坐、卧、站）中，它不但能直接发展所需要的肌肉群力量，而且可减轻学生的心理负担，避免损伤事故的发生。

（二）力量素质练习的基本方法与特征

在运动训练实践中，教师们创造了多种多样的发展肌肉力量的方法，或是作用于整个肌肉系统，或是有选择性地作用于某些肌肉群，这些具体的练习形式是形成现代力量训练方法的基础。按动力学特征分类，力量素质练习的方法分为动力性力量练习法、静力性力量练习法及电刺激力量练习法等。动力性力量练习法是指人体采用相对运动的动作形式进行力量素质的练习。静力性力量练习法是指人体采用相对静止的动作形式进行发展力量素质的练习，主要是指等长收缩练习。电刺激法是利用电刺激仪产生的脉冲电流，代替由大脑发出的神经冲动，使肌肉收缩，达到提高肌肉力量的目的。此外，还有将动力性力量的不同形式和静力性力量练习的形式进行不同组合，形成新的发展不同力量素质的组合练习法。

1.动力性的克制收缩练习法的特征

动力性克制性收缩练习法是指肌肉从拉长的状态中缩短，以克服阻力而完成动作。

肌肉在收缩时的起止点相互接近，所以动力性克制收缩练习又可看作是肌肉的向心性工作。该方法的最大特点是动作速度快、功率大，能有效地提高肌肉的力量、速度和力量耐力。

2.动力性退让收缩练习法的特征

动力性退让收缩练习法是使肌肉产生离心收缩的力量练习。生理学研究证明，肌肉不仅在收缩时能把化学能转化为机械能，而且在外力拉长肌肉做功时，肌肉也能把外能转为化学能储存。因此，肌肉的退让性工作除了即时效应外（例如制动），还能产生积蓄效应（把非代谢能量转变为肌肉的化学能和弹性势能），然后再以机械能的形式瞬间释放。退让性收缩练习对神经肌肉系统产生超量负荷，可使肌肉力量，特别是最大力量，得到明显增长。

3.等动练习法的特征

等动练习法是指借助于专门的等动训练器，在动力状态下，人体肌肉的抗阻力程度始终恒定，且动作速度均匀的练习方法。这种方法的最大特点是，人体接受外部负荷刺激所产生的生理反应强度，在人体动作的变化过程中始终保持恒定，并使关节各个角度的肌肉用力表现出最大用力或恒定用力。

4.超等长收缩力量练习法的特征

超等长收缩力量练习法是利用肌肉的弹性、收缩性和牵张反射性来提高力量素质，即肌肉先被迫迅速进行离心收缩，紧接着瞬间转为向心收缩练习。它的最大特点是利用神经肌肉的牵张反射性，引起神经系统反射性，产生更强烈的兴奋冲动，从而动员更多的运动单位参加收缩，以产生更大的肌肉收缩力，以达到提高力量的目的。这种练习方法主要有三种形式：（1）各种快速跳跃练习；（2）不同高度和形式的跳深练习；（3）利用专门训练器械进行的超等长练习。

5.静力性练习法的特征

静力性练习法是人体采用相对静止的动作，利用肌肉长度不变，主要改变张力的特点来发展力量素质。它的最大特点是物理上表现做功为零，但生物体却依然存在做功的功能，它能更有效地提高肌肉的张力与神经细胞的机能水平。

6.组合练习法的特征

组合练习法是将动力性的克制性练习、退让性练习和静力性练习等方法进行不同的组合，有效地提高力量耐力和快速力量。从生理学和生物力学的角度看，各种肌肉收缩方式混合练习，增加了机体对刺激的适应难度，提高了刺激的作用，能收到更快提高力量的效果。

7.电刺激练习法的特征

电刺激练习法是现代新的发展力量素质的练习法。其最大优点是：训练部位准确，可根据训练目的，随意选择和确定练习部位；强化专项肌群和薄弱肌群，肌肉收缩的强度和时间可以人为地控制；可最大限度地动员运动单位参与收缩，可在短期内迅速提高肌肉力量；可加大训练量，缓解大运动量与疲劳恢复的矛盾，可保证受伤期工作肌群的正常训练。电刺激练习法与想象训练相结合，可作为比赛期和比赛前的力量强化手段和兴奋刺激手段。电刺激法增长力量迅速，但用电刺激获得的力量一旦停止练习，其消退也快。

（三）最大力量的训练

最大力量的提高主要取决于肌肉生理横断面和肌肉协调能力的发展与改善，后者对相对力量的提高尤其重要，是跳跃、球类等学生提高力量的主要途径之一。下面几种训练方法能有效地发展人体的最大力量。

1.静力性练习

静力性练习一般多采用较大负荷量，以递增重量的方法进行练习。所负的重量越大，由肌肉的感觉神经传至大脑皮层的神经冲动也就越强，从而引起大脑皮层指挥肌肉活动的神经细胞产生强烈兴奋，若经常接受这种刺激，就会提高兴奋强度，并吸引更多的肌肉纤维参与工作，进而提高肌肉的最大力量。

总负荷是影响最大力量发展的重要因素。影响总负荷的因素有负荷重量、练习重复组数、每组持续时间及各组间的间歇时间等。提高最大力量多采用本人最大负荷量的70%进行练习，组数可控制在4组，每组持续在12秒以上，每组间歇3分钟。若采用本人最大负荷量的70%～90%进行练习，组数可控制在4～6组，每组持续时间8～10秒，每组间歇3分钟。若采用本人负荷量的90%以上进行练习，组数不超过4组，每组持续时间3～6秒，每组间歇应增至4分钟。

近年来，静力性练习不仅作为发展肌肉力量的有效手段，而且作为创伤后进行积极恢复正常功能的手段，在体育界被广泛应用。静力性练习的特点是在工作时处于无氧条件下，能量储备迅速消耗，从而迅速出现疲劳状态。因此，过多采取静力性练习法会影响肌肉群的协调性。使用静力性练习法的目的只是克服某些肌肉在力量发展中的不足，使之迅速地、优质地提高收缩力量。

2.持续不断地重复用力的方法（重复法）

持续不断地重复用力法的特点是负荷量的大小应随肌肉力量的增加而逐渐增加。当学生能重复更多次数时，便表明力量有了提高，即应增加负荷的重量。重复用力的方法适用于训练的各个时期和阶段。其作用在于加强新陈代谢，活跃营养过程，并有助于改进协调性，加强支撑运动器官的能力，并能迅速而有效地提高肌肉力量。

重复用力训练采用的负荷强度一般是本人最大负荷量的75%～90%，可进行6～8组，每组重复3～6次，每组间歇时间控制在3分钟。

3.最大限制的短促用力的方法（强度法）

最大限制的短促用力法的特点是用极大或接近最大和最大的负荷练习，在训练时逐渐达到用力极限，以后继续用对体力来说是最强的、中上强度的负荷量，直到对这种刺激产生反应为止。

短促极限用力的练习方法，保证了神经系统和肌肉作用力的高度集中，使肌肉最大力量得到明显提高。对于需要最大力量的项目的学生来说，周期性地进行最大重量或接近最大重量的练习，能有效地发展其专项工作能力。

短促极限用力训练采用的负荷强度为本人负荷量的85%～100%，练习6～10组，每组练习1～3次，每组间歇时间控制在3分钟。

我国大多数举重运动员都采用这种方法进行训练，并且取得了显著的效果，多次打破世界纪录。实践证明，只要运动强度在90%以上，就能提高运动成绩。然而，采用这种方法进行练习，不但需要很大的体力和心理准备，而且还要具备丰富的营养和良好的恢复手段。

4.极限强度的方法

极限强度练习法的显著特点是非常突出强度，几乎每周、每天、每项都要求接近、达到，甚至超过本人当天的最高水平。在计划规定的时间内，要求组数越多越好，组与组之间的间歇以学生的恢复为准，全年都这样安排训练，不进行大的调整和变动。

从一个阶梯上升到一个新的阶梯（每一阶梯训练时间为2周），在增加重量时要适当，不能猛增，要掌握好尺度，考虑到学生的适应能力、体质和技术等因素，通过试验，摸索每个学生增加的分量和适应期的长短。

如果在一个新的阶梯上，学生不能承受新的负荷，则应回到原来的阶梯上训练 2～3 天再增加。极限强度力量训练方法的负荷特征如下：采用本人最大负荷的 90%，进行 3 组练习，每组做 3 次，每组间歇 3 分钟；适应后，增至本人最大负荷的 95%，进行 2 组练习，每组做 3 次，每组间歇 3 分钟；适应后，增至本人最大负荷的 97.5%，进行 2 组练习，每组做 2 次，间歇 3 分钟；适应后，再增至本人最大负荷的 100%，进行 2 组练习，每组做 1 次，每组间歇 3 分钟。组数可控制在 1～2 组，每组做 1 次，组间间歇 3 分钟。

5.极端用力的方法

极端用力练习法的特点是采用一定的负荷量进行练习，次数重复至极限数量，直到完全不能再做为止，即达到参加训练的肌肉群再也不能进行收缩为止。其生理机制是肌肉越来越疲劳，需要从大脑皮层中发出补充神经冲动的新的运动单位。这样就把每块肌肉充分地调动起来，并去激发新的肌肉群（即兴奋过程的扩散）。

极端用力练习法发展力量素质的负荷特征是多采用 50%～75% 的负荷强度，进行 3～5 组练习，每组 10～12 次，每组间歇时间为 3～5 分钟。它对某些运动项目学生的身体起着最为深刻和全面的结构性影响，而对运动系统和心血管系统的影响更加重要，对发展力量和耐力产生良好的作用，并且是大幅度提高运动成绩的基础。

6.电刺激法

电刺激法发明于 20 世纪 60 年代，是利用电刺激引起肌肉收缩，从而提高肌肉活性。其生理机制是由大脑发出的中枢神经冲动被一种能使肌肉收缩的电刺激所取代。电刺激的优点：一是能使肌肉最大限度地活跃起来；二是引起肌肉紧张所维持的时间要比普通方法长，反复次数多，极限力量降低减慢，由于排除了中枢神经系统的疲劳，使学生在已疲劳后仍可继续对肌肉进行电刺激训练，达到真正的大运动量训练；三是比一般力量训练方法消耗能量少；四是对肌肉训练的针对性强。其缺点是对人体的协调能力产生不利影响，如果训练量控制不当，会使肌肉负担过重。

该方法分为直接刺激法和间接刺激法两种。直接刺激法是把两个电极固定在肌肉末端，促使肌肉直接受电刺激，频率为 250 赫兹时肌肉收缩最为理想。间接刺激法是把不同的电极放置在有关运动神经部位，使肌肉间接受刺激收缩，频率为 1 000 赫兹时肌肉收缩最为理想。频率持续时间为 10 秒，每块肌肉的各个刺激周期的间隔时间为 50 秒。

（四）速度力量的训练

由于速度力量具有速度和力量的综合特征，一般都用提高肌肉用力的能力及提高肌肉收缩的速度来提高学生的速度力量。其中，发展学生肌肉用力的能力是发展速度力量的基础，而提高肌肉收缩的速度是发展快速力量的决定力量。体育运动项目绝大多数是在快节奏下或爆发用力的情况下完成的。各种情况下的起动速度、投掷中的鞭打速度、体操的团身、转体速度等，都依赖肌肉的用力能力和肌肉的收缩速度。速度力量表现在体育运动中的是起动力、爆发力和反应力等。

1.发展起动力的方法

在最短时间内（通常不到150毫秒）最快地发挥出来的下肢力量，称为起动力。运动实践证明，最大力量水平是起动力的基本因素。许多力量型的学生，如投掷、举重学生，尽管其体重大大超过了100公斤，也很少从事过专门的短跑训练，但他们的起动速度都非常出色。

发展起动力的负荷特征是采用30%～50%的负荷强度，进行3～6组练习，每组5～10次，每组间歇1～3分钟。

发展起动力的练习方法多种多样：（1）利用地形、器物做各种短跑练习，如沙地跑、上下坡跑、阶梯跑等；（2）利用器械、仪器做各种跑的练习，如穿加重背心的起跑加速、加速跑突然改变方向跑、计时短跑、系铅腰带的加速跑、负轻杠铃短跑等；（3）利用同伴的各种助力，做加速跑、牵引跑、各种准备姿势的听信号起动跑等。

另外，发展弹跳反应力的练习，也都是发展起动力的良好手段。

2.发展爆发力的方法

以最短的时间（在150毫秒内）、最大的加速度克服一定阻力的能力，称为爆发力。它对于多数的速度力量型项目（如跳远的起跳动作）是一个决定性因素。爆发力也同样依赖于最大力量水平，所以任何发展最大力量的方法都适应于发展爆发力练习。发展爆发力练习的负荷特征是：负荷强度一般采用70%～90%，分为3～6组进行练习，每组做5～6次，每组间歇3分钟。

3.发展反应力的方法

当人体运动时，肌肉链牵制人体运动的速度，引起牵张反应。由于来自迷路神经和眼、颈部本体感受器官的刺激，牵张反射经常受到修正，从而发生反射性运动。这种反射性运动能使运动着的人体获得很高的加速度，产生朝相反方向运动的能力。在制动的离心阶段，活动的肌肉被拉长；在加速的向心阶段，肌肉迅速收缩。这些现象通过两种动作形式表现出来，一种是以跳深为主的弹跳反应力，另一种是以击打、鞭打、踢和蹬为主的击打反应力。

上述两种形式的差别在于不同的刺激关系，在以跳深为典型的反应形式中，肌肉拉长是刺激向下运动的身体受重力作用被迫进行的，人们习惯称之为超等长练习。相反，在以击打为典型的反应形式中，肌肉拉长是因对抗肌肉用力引起的，这种被拉长并不是积极的，因此拉长—缩短周期比跳深慢得多。

（1）发展弹跳反应力的方法。

跳深：下落高度 70～110 厘米。若采用较低高度，有利于发展最大速度；若采用较高高度，可发展最大力量。要求跳下后立即向上跳起，尽量高跳。这种练习 1 周可安排 2 次，每次 4 组，每组 8～12 次，组间间歇 2 分钟。疲劳时不宜做此练习。

跳跃练习：跨步跳、多级跳、负重连续跳、跳台阶和跳上跳下等。优秀的学生往往把短跳的多种练习结合起来，用以提高反应力。

（2）发展击打反应力的方法。许多竞技运动项目都有击打、鞭打、出手、踢和蹬等动作，特别是对抗肌的力量能力是这些运动项目训练的重要任务。

发展击打反应力的方法有以下两个：

发展对抗肌的退让性练习：用超过本人最大负荷量的 10%～50%卧推，要求加助力推起，加保护慢放下。用上述的负荷强度和方法进行深蹲，两手持哑铃做仰卧直臂下压。要求直臂下压时快，直臂后摆时慢。

发展对抗肌和击打速度的模仿性练习：利用滑轮拉力器、橡皮筋、小哑铃、石块和短棒等模仿击打、鞭打、投、踢和蹬等动作，注意完成动作的幅度。完成动作前的拉长动作，以及具有足够引起鞭打性的肌肉紧张，开始位置（关节角度）必须与比赛中动作的位置一致，根据所选负荷和学生的训练状态，此练习每组做 5～8 次。无论发展哪种力量，只有把力量与速度很好地结合起来，才能转化为速度力量。在训练实践中，要科学地调整动作力量和动作速度，如果长时间地采用恒定负荷，就会使动作速度固定，影响速度力量的发展。负荷强度的安排是周期性、波浪式变化的，也应注意使身体局部的速度力量能力与全身速度力量能力结合起来进行。

（五）力量耐力的训练

力量耐力是既有力量又有耐力的综合性素质，它是在静力性或动力性工作中长时间保持肌肉紧张而又不降低工作效果的运动能力。学生的力量耐力水平取决于多种因素，其中最主要的是保证工作肌耗氧、供氧、血液循环和呼吸系统的机能能力，无氧代谢的机能能力和工作肌有效地利用氧的能力，以及学生克服自身疲劳的意志品质。

根据肌肉工作的方式，力量耐力可分为动力性力量耐力和静力性力量耐力。动力性力量耐力又可细分为最大力量耐力（重复发挥最大力量的能力）和快速力量耐力（重复发挥快速力量的能力）两种。无论是动力性力量耐力，还是静力性力量耐力，均与最大力量有密切关系，不同学生在完成同一负荷重量时的重复次数，主要取决于最大力量。最大力量大，则重复次数多，力量耐力好。

需要静力性力量耐力的运动项目多种多样，较典型的项目有射击、射箭、举重的支撑、吊环的十字支撑、摔跤的桥，以及速滑中的上体姿势等。要求动力性力量耐力的项目，多集于田径、球类、游泳和体操等项目上。

从肌肉物质交换的关系来看，在静力性力量练习时，肌肉紧张逐渐下降，从而限制了有氧物质和酶的作用的供应，在肌肉高度紧张时，还会中断这种供应。在动力性力量耐力练习时，肌肉有节律地交替紧张和放松，短时间随血流供应有氧物质，易于加快消除疲劳的速度。

根据肌肉物质交换的关系，如果发展一般力量耐力，可采取持续间歇练习法、等动练习法，以及分别针对上肢、躯干和下肢的常见练习方法。

1.持续间歇练习法

持续间歇练习法的特点是负荷重量较小，每次练习应竭尽全力达到极限，使肌肉长时间持续收缩工作到最大限度。力量耐力的增长主要表现在重复次数的增加上，每次练习要力争增加重复次数，当重复次数超过该项目特点的需要时，就应增加负荷重量。由于每个运动项目的特点不同，因此采用的负荷重量和次数应根据各项目的特点而确定。

常见的持续间歇练习法的运用有两种：第一种是采用 40%～60% 的负荷强度，进行 3～5 组练习，每组练习用很快的速度重复 10～20 次，组间休息 30～90 秒；第二种是采用 25%～40% 的负荷强度，进行 4～6 组练习，每组用快的动作速度重复 30 次以上，组间休息 30～60 秒。

如果练习时间短（20～60 秒），又必须使疲劳积累，应该在疲劳尚未恢复时进行下一组练习；如果练习时间长（2～10 分钟），应该使身体充分恢复到练习前的水平再进行下一组练习。

2.等动练习法

等动练习法是利用一种专门器械（等动练习器）进行力量练习的方法。等动练习器的结构是在一个离心制动器上连一条尼龙绳，在拉动尼龙绳时，由于离心制动作用，拉动绳的力量越大，器械产生的阻力也就越大，器械所产生的阻力总是与用力大小相关。

肌肉用力大小与骨杠杆位置有密切关系，即受到肌肉群的牵拉角度、每个杠杆的阻力臂，以及力臂的相对长度等的影响。当人体任何一个关节活动时，在它整个活动范围内，肌肉所表现的力量并不是均匀一致的。当我们做弯举动作时，总会明显地感觉到肘关节处于 90°弯曲时最吃力（阻力最大）。因此，在一般的动力性训练中，由于外加阻力是固定的，所以肌肉在屈肘关节的整个活动范围内的负担是不一样的，开始时较小，90°弯曲时的负担量最大，然后又逐渐减小。当肘关节处于不同角度时，屈肘肌群所受到的刺激作用也就不一样。而用等动练习器进行训练，当骨杠杆处于有利位置时，如果肌肉使劲，且用力比较大，器械产生的阻力也大；而当骨杠杆处于不当位置时，肌肉产生的力量小，器械产生的阻力也小。这样，实际上就等于在肘关节的整个活动范围内，给予屈肘肌群以不同的负荷（即不同的外加阻力），只要学生尽力去拉，就能保证在整个活动范围内的肌肉都能达到最大负荷。

在进行等动练习时，通常完成次数较多，主要用于发展力量耐力，如果改变负荷要求，也可用于发展其他力量素质。等动练习可采取如下方法进行：将等动练习器固定在墙壁上、地板上或天花板上，学生根据各自的专项特点，结合专项动作的方向和幅度，采取不同的负荷进行训练。例如，进行慢速等动训练，只增加做慢动作的力量耐力；进行快速等动训练，能使快速动作力量耐力和慢速动作力量耐力都得到提高。总之，进行快速等动训练提高力量耐力比进行慢速等动训练提高力量耐力的效果好。

等动训练一般每周以 2～4 次为宜，每一种练习应保证做 2～4 组。若负荷较大时，每组做 8～15 次；若负荷较小时，应做 15 次以上。在进行等动训练时，学生的动作速度应尽可能与其从事的专项动作一样快。

3.常用的练习方法

（1）上肢。

俯卧撑：手撑高处做俯卧撑；由同伴帮助完成；能独立完成，可将脚放在高处或背上负重做俯卧撑。

双杠支撑臂屈伸：独立完成或由同伴帮助，做支撑臂屈伸；支撑摆动，前摆臂屈伸；支撑后摆臂屈伸；下肢负重前摆臂屈伸。

悬垂臂屈伸：斜站立悬垂臂屈伸；仰卧悬垂臂屈伸；脚垫高处成直角悬垂做引体向上；引体向上，可由同伴助力或负重做；宽握引体向上，头至杠前。

手倒立：靠墙倒立；由同伴帮助完成手倒立；由同伴帮助完成手倒立落下和推起。

（2）躯干。

仰卧起坐：两手抱头或由同伴固定下肢，做仰卧起坐；由同伴压腿负重，如手持沙袋、实心球、哑铃等，做仰卧起坐。

仰卧举腿：由同伴帮助，做仰卧举腿，或仰卧手握肋木独立进行；由同伴固定两臂，脚上负重物，做仰卧举腿。

仰卧举腿同时上体前屈：同伴蹲在学生一侧，一手托学生背，一手托其腿帮助进行练习。

俯卧体后屈：由同伴帮助固定下肢，做上体抬起练习；由同伴固定上肢，做下肢后举练习；上体俯卧鞍马一端，手握环，做腿后举起练习。

仰卧举腿绕旋：仰卧，两臂侧举或侧上举，两腿前举，左右绕旋；由同伴帮助，做仰卧举腿绕旋；高低杠高杠悬垂，举腿左右绕越低杠。

悬垂举腿：悬垂屈腿上举；悬垂直腿上举；两腿负重物直腿上举。

悬垂举腿，杠下摆越成吊臂悬垂及还原：单杠正握悬垂，举腿从杠下摆越成吊臂再还原；在双杠端或单杠上，由同伴帮助屈腿或直腿坐；脚踝上负重物练习。

（3）下肢。

单脚、双脚连续跳：由同伴在背后扶其腰侧，并腿连续向上跳；一人分腿坐撑，另一人单脚站立其两腿间；在同伴并腿时，迅速向上跳起，落于一侧；在同伴分腿时，迅速向上跳起，落回中间，两腿反复交替练习。同前，单双腿同时进行。

跳上跳下：分腿站立体操凳两侧，跳起并将腿落在凳上；立于体操凳右侧，跳起落在凳上，再跳起落在凳的左侧；低跳箱并腿跳上跳下。

参 考 文 献

[1]刘欣. 竞技体操科学化训练研究[M]. 长春：吉林大学出版社，2020.

[2]许春利，裴晓雨. 轻器械体操[M]. 长春：吉林出版集团股份有限公司，2020.

[3]陈西玲. 新编团体操教程[M]. 北京：人民体育出版社，2020.

[4]杨志仙. 现代体操运动理论与教学实践研究[M]. 西安：西北工业大学出版社，2020.

[5]肖婷婷. 学校体操标准化安全教学理论与方法[M]. 南昌：江西科学技术出版社，2020.

[6]王亚平，于刚. 教你体操[M]. 天津：天津科学技术出版社，2019.

[7]孟林. 实用体操理论与实践[M]. 北京：现代出版社，2019.

[8]徐中秋，赵媛媛，张继晶. 大众艺术体操训练与竞赛[M]. 成都：电子科技大学出版社，2019.

[9]刘二侠. 竞技体操高级成套动作教学与实践研究[M]. 北京：北京工业大学出版社，2019.

[10]郝卫亚. 体操生物力学研究与应用[M]. 北京：人民体育出版社，2019.

[11]李燕红. 体操教学的理论与实践探索[M]. 长春：东北师范大学出版社，2019.

[11]张庆建. 体操教学理论与实践[M]. 北京：北京体育大学出版社，2019.

[12]罗琳. 艺术体操训练信息管理系统研究[M]. 北京：中国纺织出版社，2019.

[13]刘波. 高校体操运动多元化发展路径的探索与实践[M]. 长春：吉林出版集团股份有限公司，2019.

[14]王雷. 现代艺术体操与形体美的科学训练研究[M]. 北京：中国水利水电出版社，2019.

[15]聂欢密. 体操课程教学分析及效果优化研究[M]. 哈尔滨：东北林业大学出版社，2019.

[16]梁超. 美学视阈下的体操与教学研究[M]. 长春：吉林美术出版社，2019.

[17]朱岩. 现代大众艺术体操实践与研究[M]. 长春：吉林出版集团股份有限公司，2019.

[18]曲晓平，任海波. 体操教学与研究[M]. 长春：吉林出版集团股份有限公司，2018.

[19]康金峰. 中国体操改革发展研究[M]. 西安：世界图书出版西安有限公司，2018.

[20]王海燕. 健美体操训练与编排研究[M]. 延吉：延边大学出版社，2018.

[21]陈正权，刘阳，赵欣莹. 健美体操与体育舞蹈塑形理论及方法研究[M]. 北京：中国商务出版社，2018.

[22]唐红斌，金遂. 快乐体操[M].北京：北京体育大学出版社，2018.

[23]朱振楠，张晓萍. 大众艺术体操[M]. 大连：大连理工大学出版社，2018.

[24]李世荣. 现代体操教学研究[M]. 武汉：武汉大学出版社，2018.

[25]黄祖文，张晓杰. 体操训练教程[M]. 沈阳：辽海出版社，2018.

[26]赵俭. 体操教学与人才培养[M]. 咸阳：西北农林科技大学出版社，2018.

[27]李润东. 体操运动的科学训练与教学[M]. 北京：人民体育出版社，2018.

[28]吴欣. 我国体操类研究方向博士生培养研究[M]. 北京：北京体育大学出版社，2018.

[29]张美叶. 体操形体美学与瑜伽健身艺术[M]. 北京：北京工业大学出版社，2018.

[30]蔺新茂. 体操[M]. 重庆：重庆大学出版社，2017.